JEAN D'ORLÉANS
DUC DE GUISE

LES SEIGNEURS DU NOUVION-EN-THIÉRACHE

1147-1790

PARIS
LIBRAIRIE ET IMPRIMERIE MILITAIRES
EDMOND DUBOIS
25, RUE DES GRANDS-AUGUSTINS, 25

1906

LES SEIGNEURS

DU

NOUVION-EN-THIÉRACHE

1147-1790

Ouvrage tiré à 150 exemplaires non mis dans le commerce

JEAN D'ORLÉANS

DUC DE GUISE

LES SEIGNEURS

DU

NOUVION-EN-THIÉRACHE

1147-1790

PARIS
LIBRAIRIE ET IMPRIMERIE MILITAIRES
EDMOND DUBOIS
25, RUE DES GRANDS-AUGUSTINS, 25

1906

AVANT-PROPOS

Le but de la présente étude est d'établir — appuyée sur des documents authentiques — la filiation exacte des seigneurs du Nouvion, de retracer les procès auxquels leurs successions ont souvent donné lieu, de mentionner tous les actes de foi et hommage et de dénombrement de la seigneurie du Nouvion que nous avons pu retrouver.

Depuis le douzième siècle jusqu'à la Révolution, vingt-trois générations ont fourni trente-cinq seigneurs au Nouvion. Ils ont appartenu aux illustres maisons d'Avesnes, de Châtillon, de Luxembourg, d'Anjou, de France, d'Armagnac, de Lorraine, de Guise et de Bourbon-Condé.

On ne trouvera pas ici la biographie de ces personnages ; elle relève de l'histoire générale bien plus que de l'histoire locale. Nous nous sommes borné à en dresser la liste définitive, à relever les titres qui leur sont donnés par les différents actes relatifs au Nouvion.

Notre modeste travail, aride compilation de nombreux documents dont beaucoup sont inédits, se présente comme une sorte de catalogue qui sera le livre d'or de la seigneurie du Nouvion. Nous espérons enfin que nos recherches ne seront pas inutiles aux érudits qui s'intéressent à l'histoire des localités comprises dans l'ancien duché de Guise.

I

De même que la plupart des localités d'ordre secondaire dont il n'est pas possible de pénétrer les origines reculées, Le Nouvion-en-Thiérache n'entre dans l'histoire qu'avec le douzième siècle, époque où l'on commence à rencontrer son nom dans les documents d'archives. La terre du Nouvion appartient alors à la puissante maison d'Avesnes.

Plusieurs historiens ont considéré comme un seigneur particulier au Nouvion un certain « Albéric, chevalier du Nouvion, *Albricus, miles de Noviomo* ». Je n'oserais affirmer que ce Nouvion soit Le Nouvion-en-Thiérache, bien qu'on soit porté à le croire en raison des personnages et des lieux mentionnés dans les chartes qui concernent cet Albéric. C'est ainsi qu'Albéric et sa femme Ermesende, du consentement de leurs fils Pierre et Robert, offrirent la terre d'Hannape à l'église des Prémontrés pour le salut de leurs âmes. Renouvelée par les fils après la mort de leur père, cette donation fut ensuite confirmée par Bouchard, seigneur de Guise et de Lesquielles et par son frère Godefroy, suzerains des seigneurs d'Hannape. Barthélemy de Vir, évêque de Laon, exposa tout au long l'historique de cette donation dans une charte datée de l'année 1138[1]. Dans une autre charte non datée, ce même

1. Archives de l'Aisne, H. 797. A noter que la date de 1138, qui est celle de la charte, n'appartient pas à la vie d'Albéric, comme on l'a dit a tort. — Barthélemy de Vir fut évêque de Laon de 1113 à 1151.

évêque de Laon énumère les donations faites à l'abbaye de Foigny : Albéric du Nouvion, *Albricus de Novimo*, avait concédé aux religieux, du consentement de ses fils Pierre, Robert et Rainier, toute la terre qui portait son nom au territoire de Macquigny, sauf la partie tenue par Wimond et Rainier, ses vassaux [1].

Quoi qu'il en soit de cet Albéric, nous savons de façon certaine que NICOLAS D'AVESNES, dit Pelukel, hérita de la terre du Nouvion à la mort de son père GAUTIER, survenue à Mons en 1147 [2]. Sa mère s'appela Ida de Mortagne. C'est Nicolas qui dota Le Nouvion de sa charte communale ; ses successeurs ne firent que la confirmer. Il épousa Mahaud (ou Mathilde), fille de Henri de Namur, comte de la Roche. De ce mariage naquit JACQUES D'AVESNES, qui devint seigneur du Nouvion.

Jacques fut fiancé dès son enfance à Adeline, fille unique de Bouchard, seigneur de Guise et de Lesquielles. Jusqu'à sa majorité féodale, survenue vers 1165, Jacques resta sous la tutelle de son père et de son oncle Godefroy, qui administrèrent les biens des jeunes époux. C'est ainsi que Nicolas d'Avesnes, tuteur de son fils, figure avec sa femme Mahaud, son fils Jacques et sa bru Adeline, dans une donation de dîmes de la ville du Nouvion aux bénédictines de Montreuil-les-Dames (près de Rocquigny) [3]. On ignore la date exacte de cette charte, la première, à notre connaissance, qui cite le seigneur du Nouvion [4].

1. Cartulaire de l'abbaye de Foigny, f° 193 (Bibliothèque Nationale, ms. latin 18374).

2. D. Nicolas Le Long, *Histoire ecclésiastique et civile du diocèse de Laon*. Châlons, 1783, p. 271.

3. Cartulaire de Guise, f° 23 (Bibliothèque Nationale, ms. latin 17777).

4. Le seigneur de Nouvion n'est pas mentionné dans la charte de 1107 concernant l'autel de Lalouzy (Bibl. de Cambrai, ms. 730, f° 95 r°, et Bibl. Nat., Fonds de Picardie, vol. 101, f° 1 r°), ni dans la charte de 1178 relative à l'autel de Nouvion (Cartulaire de l'abbaye de Fesmy, f° 437).

Une autre charte, rédigée après la majorité de Jacques d'Avesnes, enregistre un accord conclu avec l'abbaye de Saint-Denis au sujet de plusieurs bois situés sur le terroir de Wignehies, sur celui de Sorbais et entre Buironfosse et La Flamengrie; il y est question d'un bois, dont l'emplacement exact n'est pas déterminé, « contigu à la haie du Nouvion, laquelle haie est entre Buironfosse et La Flamengrie » [1] : c'est la plus ancienne mention que nous ayons rencontrée de la forêt du Nouvion.

Jacques d'Avesnes prit part à la troisième croisade et trouva une mort glorieuse sur un champ de bataille de Palestine le 7 septembre 1191. Son fils aîné GAUTIER II D'AVESNES renouvela la charte communale du Nouvion en 1196 [2]. La fin de l'acte rappelle que cette charte avait été jurée par ses grands-parents Nicolas et Mahaud, par son père et sa mère, Jacques et Adeline [3]. La charte de franchise qui, d'après plusieurs écrivains, aurait été octroyée ou renouvelée par Gautier à la commune du Nouvion en 1204 n'est que la copie de la charte de 1196 [4].

Gautier perdit sa femme, Marguerite de Blois, en 1231 ; lui-même mourut vers 1244. En lui s'éteignent les seigneurs du Nouvion de la maison d'Avesnes.

La seigneurie du Nouvion entra dans la maison de Châtillon par le mariage, vers 1225, de Marie, fille unique de Gautier II d'Avesnes, avec HUGUES DE CHATILLON, bouteiller de Champagne et conseiller de France. Marie mourut en avril 1241, et Hugues en 1248.

En 1246-1247, Hugues de Châtillon régla le partage de ses

1. Archives Nationales, LL. 1158, p. 125, col. 1.

2. Le 6 décembre, d'après Catrin, *Études historiques et statistiques sur Le Nouvion-en-Thiérache;* Vervins, 1870-1871, 1re partie, p. 231; j'ignore où l'auteur a puisé ce renseignement.

3. Cartulaire de Guise, ff. 139-143.

4. Michaux, *Chronologie historique des seigneurs d'Avesnes;* Avesnes, 1844, p. 89. — Archives du duché de Guise, n° 4090; Délibération du Conseil du prince de Condé, 19 décembre 1718.

biens entre ses enfants par un acte dont voici les principaux passages :

« Je, Hues de Chastillon Cuens de Seint Pol... Ce est à sauoir, qui Jehanz, mes einned fils, aura toute la terre qui muet de par sa mere, et quelconque il puet es cheoir à luy ou à ses freres de par leur mere.... Et est à sauoir, que s'il desauenoit de Jehanz mon einne fil senz hoir de son cors, laquel chose Dieus deffande, Guioz mes fiz auroit toute la terre que Jehanz mes einnez fiuz tenroit ou qui li deuroit escheoir.

— ... Ce fu feit an l'an de grace mil et deux cenz et quarante et sis, el mois de Mars. » [1].

Le fils aîné, Jean de CHATILLON, comte de Blois, de Dunois et d'Alençon, devint donc seigneur du Nouvion. Il épousa, vers 1254, Alix, fille de Jean, dit le Roux, duc de Bretagne, comte de Richemont, et de Blanche de Champagne ; elle eut en dot les seigneuries de Pontarcy et de Braye. Jean recueillit en outre la comté de Chartres à la mort de Mahaud d'Amboise (vers 1256).

Dans son testament, rédigé en octobre 1268, le seigneur du Nouvion, se nomme « Jehan de Chasteillon, cuens de Blois et sires d'Avesnes » [2]. On retrouve les mêmes titres dans deux actes de juin et de novembre 1269 par lesquels il réunit à la forêt du Nouvion une grande quantité de bois [3].

Le roi Philippe le Hardi conféra, au mois de décembre 1271, à Jean de Châtillon la tutelle de ses enfants en suppléance de Pierre de FRANCE, Comte d'ALENÇON, son frère. Ce dernier avait été accordé en février 1263-64 à Jeanne, fille unique de Jean de Châtillon (le contrat [4] ne fait aucune mention de

1. Duchesne, *Histoire de la maison de Châtillon*...., Paris, 1621, preuves, pp. 56-57.
2. Duchesne, preuves, pp. 58 à 61.
3. Cartulaire de Guise, ff. 26 v°, 30 v°.
4. Duchesne, preuves, pp. 68-69.

Guise et du Nouvion; le mariage n'eut lieu qu'en 1272. Jean de Châtillon mourut au mois de juin 1280, et Alix de Bretagne, sa femme, le 2 avril 1288-89.

Voici donc la seigneurie du Nouvion entrée dans la maison de France. Son nouveau possesseur, Pierre d'Alençon, est le cinquième fils du roi saint Louis.

Au mois de juillet 1282, « Pierre, cuens d'Alençon, de Blois et de Chartres, et sires d'Avesnes et de Guise », fit son testament [1], auquel il ajouta un codicille le 26 janvier 1282-83 [2]; il mourut bientôt après, à Salerne, dans le royaume de Naples, le 6 avril 1283-84.

Jeanne de CHATILLON, sa veuve, rentra dans la libre possession de ses domaines. Le lundi des octaves de l'Assomption, elle engagea la seigneurie d'Avesnes à Hugues de Châtillon, son cousin-germain, moyennant une rente de 9.000 livres tournois exigible sur le Temple à Paris [3]; la terre du Nouvion n'était pas comprise dans cet engagement [4].

Au mois de mai 1290, « Jehane, contesse d'Allenchon et de Blois et dame de Guize », déclara que Boué, Bergues et Barzy jouiraient des institutions territoriales confirmées en 1196 aux habitants du Nouvion [5].

Le dimanche jour de la fête saint Julien de 1291 (27 janvier 1292), « Jehanne jadis fame de noble homme conte d'Alençon, contesse de Blois », rédigea son testament [6]. Elle mourut le surlendemain, 29 janvier 1291-92.

La branche aînée des descendants d'Hugues de Châtillon et de Marie d'Avesnes étant éteinte dans la personne de Jeanne,

1. Du Cange, *Histoire de Saint Louis*..., pp. 181 et suiv.
2. Bernier, *Histoire de Blois*, preuves, p. *XXVI*.
3. Duchesne, p. 117.
4. Michaux avait d'abord cru qu'elle faisait partie du domaine engagé, mais il reconnut bientôt son erreur (*Notice historique sur la terre et pairie d'Avesnes*, p. 2, et *Chronologie historique des seigneurs d'Avesnes*, pp. 100 et 138).
5. Cartulaire de Guise, f° 195.
6. Duchesne, preuves, pp. 72 à 82.

la terre du Nouvion passa à la branche cadette. Ce fut HUGUES DE CHATILLON, cousin-germain de Jeanne, qui en devint possesseur.

Il épousa, du vivant de son père, Béatrix de Flandre, qui descendait de Bouchard d'Avesnes et de Marguerite de Flandre. Le contrat de mariage, rédigé au mois de janvier 1287-88, ne contient aucune mention spéciale pour Le Nouvion [1].

La riche succession qu'Hugues avait recueillie ne laissa pas que de soulever de grandes contestations entre lui et ses frères au sujet de divers dons qu'il prétendait lui avoir été faits par sa cousine Jeanne. Elles furent apaisées en 1294, grâce à la médiation du roi Philippe-le-Bel, et les débats se terminèrent trois ans plus tard, en 1297.

Voici l'analyse des deux actes qui concernent cette succession et où Le Nouvion est mentionné :

« Lettres passées sous le scel de la Cour d'Eglise à Orléans, par lesquelles Madame Beatrix, Comtesse de Blois, femme de Monsieur Hue de Chastillon, jadis Comte de S. Pol, et à présent Comte de Blois, seigneur d'Avesnes et de Guise, fille de Monsieur Guy, Comte de Flandres, Marquis de Namur, quitte à la requeste dudit Comte de Blois son mary, à Monsieur Guy. Comte de S. Pol, et Madame Marie la Comtesse, sa femme et leurs hoirs, tout le droit de douaire qu'elle pouvoit prétendre sur le Comté de S. Pol, et sur les villes d'Encre et de Luceu, et le douaire qu'elle pouvoit prétendre sur les biens de Madame Jeanne jadis Comtesse de Blois, et d'Alençon, au profit dudit Comte de Blois son mary et de ses hoirs. Moyenant l'assignat à elle fait par ledit Comte, du consentement dudit Guy, Comte de S. Pol, et de Monsieur Jacques de S. Pol, Seigneurs de Leuse et de Condé, ses frères, et du Roy Philippes de France, de cinq mille livrées de terre de la valeur de quinze mille livres, sur les chateaux de Bohain Oisy, Nouvion et Anglicourt. Lesdites lettres datées de l'an 1294 » [2].

1. Duchesne, preuves, pp. 90-92.
2. Duchesne, preuves, p. 96.

« Lettres en parchemin données de Guy de Chastillon, Comte de S. Paul, Bouteiller de France, et Jaques de Chastillon, Chevalier, sire de Leuze et de Condé, l'an 1297. Par lesquelles ils ratifient le contract de mariage fait entre Monsieur Hue de Chastillon, leur frère, Comte de Blois, et Madame Beatrix sa femme et espouse : veulent et entendent qu'elle ait et prenne pour son droit de douaïre le chasteau, terre et seigneurie de Herison, Oisy, Englicourt et Nouvion, leurs appartenances et dépendances jusques à la valeur de cinq mille livrées de terre par chacun an » [1].

Le seigneur du Nouvion est qualifié de « noble prince Hue de Chastillon, conte de Blois et signeur d'Avesnes » dans un acte de 1298, par lequel l'abbaye de Fesmy lui conféra, à sa demande, la présentation et la collation de la chapellenie de son Hôtel-Dieu du Nouvion [2].

« Hues de Chastillon, cuens de Blois et sires d'Avesnes » fit son testament au mois de mai 1299 [3] et mourut en 1307.

Son fils, Gui de CHATILLON, posséda la terre du Nouvion de 1307 à 1342. Il avait épousé Marguerite de Valois, sœur du roi Philippe-le-Bel, par contrat passé en octobre 1298 à Saint-Germain-en-Laye [4].

Dans un acte de novembre 1328, le seigneur du Nouvion est qualifié « Monsieur de Blois » [5]; dans une ordonnance de mai 1335 concernant l'amortissement des obits au Nouvion, il prend les titres de « Guy de Chastillon, cuens de Blois, sires d'Avesnes et de Guize [6].

Gui de Châtillon mourut au mois d'août 1342 laissant trois enfants. L'aîné, Louis de CHATILLON, hérita de la seigneurie du Nouvion, dont il avait déjà la jouissance en vertu de son contrat

1. Duchesne, preuves, p. 96.
2. Cartulaire de Guise. f° 67.
3. Duchesne, preuves, pp. 92 et suiv.
4. *Ibid.*, preuves, pp. 96-97.
5. Cartulaire de Guise, f. 103.
6. Cartulaire de Guise, ff. 188-191.

de mariage; il avait épousé Jeanne, fille de Jean de Hainaut. comtesse de Soissons, dame de Chimay et d'Argies [1].

Notons que la terre du Nouvion fut séparée de celle de Guise depuis 1342 jusqu'au quinzième siècle, où les deux seigneuries eurent de nouveau un même possesseur en la personne de Jean de Luxembourg.

TERRES

du Nouvion	de Guise
—	—
Louis de Châtillon.	Charles de Châtillon, dit de Blois.
Louis de Châtillon.	Marie de Châtillon, dite de Blois, épouse Louis I d'Anjou.
Gui de Châtillon.	Charles d'Anjou.
Jean de Bretagne.	Louis II d'Anjou.
Olivier de Bretagne.	René d'Anjou, dit le roi René.

Jean de Luxembourg.

Louis de Châtillon fut tué à la bataille de Crécy, le 26 août 1346. Sa veuve, Jeanne de Hainaut, devint tutrice de ses enfants mineurs, et ce fut elle qui géra d'abord la seigneurie du Nouvion, qui appartint jusqu'en 1372 à Louis de CHATILLON, son fils.

Jeanne de Hainaut se remaria avec le comte de Namur. Il fut stipulé que le comte et la comtesse de Namur garderaient le droit de chasse dans la forêt du Nouvion et la haie Equiverlesse, dont la justice leur appartenait en totalité; c'est ce qui résulte d'un accord passé le 1er août 1348 (enregistré au Parlement le 13 décembre suivant) « entre le duc de Bretagne d'une part, M. le comte de Namur et Madame la comtesse de Blois et Namur sa femme, en leurs noms et comme ayant le bail des enfans de feu M. le comte de Blois et de la dite dame comtesse, d'autre part..... pour cause de

1. Duchesne, p. 145.

l'assiette des cinq mille livrées de terre au tournois assignées au dit duc par feu le comte de Blois son père ».

Voici le passage concernant le Nouvion :

« ... Desquelles garennes et justice accordé est en la manière qui s'ensuit. C'est assauoir que durant ledit bail lesdites garennes demourront ausdites parties, et y pourra chacune desdites parties par luy et par ses gens chasser quant il li plaira. Et pourront lesdits Conte et Contesse, et leursdits gens, les bestes par eulz levées es dites garennes poursuir et metre teites es terres dont goit et goira Monsieur le Duc. Et ainsi et par la manière dessus dites des bestes levées par le dit Monsieur le Duc et sesdits gens es terres dont goient et goiront lesdits Conte et Contesse à cause dudit bail : excepté la Haye du Novion, la Haye Kievrelesche et les autres bos dont la justice apartient pour le tout ausdits Conte et Contesse à cause dudit bail » [1].

Ces stipulations n'étaient valables que pour la durée de la tutelle de Jeanne de Hainaut. Cette dame étant décédée en 1350, son père, Jean, seigneur de Beaumont, opposa ses droits à ceux de Charles de Blois, duc de Bretagne ; un accord provisoire, conclu entre ces deux seigneurs le 26 février 1350-1351, nomma deux commissaires, Regnault de Barbençon, clerc et Pierre de Bocourt, chevalier, chargés d'étudier les droits des parties et de gouverner les biens des mineurs : « Et gouverneront lesdits esleuz les terres du Royaume au nom du Roy et de par le Roy et celles de l'Empire au nom dudit seigneur de Beaumont et de par lui ».

L'accord définitif fut promulgué par lettres patentes données par le roi Jean à Paris le 24 janvier 1351-1352 : « ... Toute la terre que lesdiz enfans ont en l'Empire venant de leur père, Monsieur de Bretagne la tenra et en joira tant et si longuement que Loys de Blois, ainsné desdiz enfans soit

1. Duchesne, preuves, pp. 125-126.

aagiez par la coustume et usage du païs. Et aussi tenra ledit Monsieur de Bretagne la terre que ledit Loys a au Nouvion et en Thérasse au bailliage de Vermendois, tant que ledit Loys sera aagîez par la coustume ou usage de Vermendois..... Les recettes et revenues qui ont esté faites desdites terres, tant de l'Empire, de Nouvion, de Thérace depuis le trespas de Madame de Blois seront au profit de Monsieur de Bretagne, et en compteront ceuls qui les ont receues par devant Monsieur Regnault de Barbenchon et Monsieur Pierre de Becourd » [1].

Les interminables débats entre les descendants de Gui de Châtillon allaient bientôt prendre fin. On trouve en effet un accord entre Charles, duc de Bretagne, vicomte de Limoges, sire de Guise et de Mayenne (fils puiné du feu comte Gui de Blois), et Louis de Châtillon, comte de Blois et de Soissons, sire d'Avesnes (neveu dudit duc de Bretagne).

« Sur ce que feu le comte Guy de Bloys, dont Diex ait l'âme, ordena en son vivant et aussi fu confermé du roy nostre sire que le duc de Bretaingne, son ainsné (puîné) fil, eust en nom de assignation et de partage avecques le chastel de Guise en Thiéraische cinq mille livrées de terre au tournois, à prendre sur ses rentes et revenues au plus prez du dit chastel.... » Il appert par l'acte que le duc de Bretagne avait été le tuteur de son neveu ; car il parle « de ce en quoi nous povons estre tenu à nostre dit neveu tant à la cause de ses edeffices non suffisamment retenuz comme de ses bois mescoppez du temps que nous avons tenu le bail de lui tant ou Roiaume comme en l'Empire. » Le consentement et procuration donné par le duc de Bretagne est daté du 29 novembre 1356 ; celui du comte de Blois est daté du 1er décembre 1356; la ratification du roi Jean et l'enregistrement au parlement de Paris sont du 8 février 1356-57.

L'acte attribue au duc de Bretagne et à ses héritiers et

1. Duchesne, preuves, pp. 110-112.

successeurs « toute la terre de Guise et de Thiéraische et ses appartenances..., excepté tout le sart du Nouvion, ainsi comme il se comporte, et excepté toute la haye du Nouvion et la haye de Kevrelesche, lesquelles choses exceptées demeurent entièrement en demaine, en justice, en seignourie haute, moyenne et basse, et en touz autres proufis, au dit conte de Bloys et à ses hoirs... et ja soit ce que il y eust par avant ce présent acort pluseurs terres ou sart du Nouvion qui devoient terage au terrage d'Oysy, li terrages d'icelle demeure à présent et demoura au dit conte de Bloys et à ses hoirs. Item, se il y a aucun bois joingnant aus dictes haies du Nouvion et du Kiévrelesche, si comme le bois qui fu Ferrant d'Ohies, il demeure et demourra au dit duc de Bretaingne ».....

« Item, toute fois et quante fois que l'eaue du vivier d'Oysi ystera ors de son canel, et entrera ou terroir du sart du Nouvion, la seignourie et la pescherie de la dicte yaue demourra au dit duc de Bretaingne tant que la pescherie y sera; Et n'y pourra le dit conte de Bloys, ses genz ne ses subgez peschier; et aussi tost que l'eaue sera retraite, le lieu la où elle aroit esté dedens le dit sart redemeure en demaine, en justice et seignourie au dit conte de Blois comme devant. »

« Item veult et acorde le dit conte de Bloys, pour tant que il li touche, que toute la rivière de Sambre au dessus du dit vivier d'Oysi, demeure en demaine, pescherie et en justice et seignourie au dit duc de Bretaingne, tant et si avant que le dit duc a justice et seignourie à l'un des lez d'icelle riviere. Et se il estoit trouvé que l'eaue de quoy mieut le moulin de Bonwez feust en demaine, en justice et en seignourie au dit duc de Bretaingne, veu ce que dit est, est à entendre que touz li dis mollins demeure en demaine, en justice et seignourie et en touz autres proufis au dit conte de Bloys, et ara toudis aisement de la dicte eaue pour moure en la manière acoustumée, sanz ce que le dit duc de Bretaingne y puist mettre aucun empeschement. Item la redevance que ciz de la ville d'Esqueheries doivent au conte de Blois, de charier les fains

de ses prez du Nouvion à la grange du Nouvion, est transportée par le dit conte de Bloys au dit duc de Bretaingne »... [1]

Cet accord facilita au mois de juin 1361 le partage de la riche succession de Louis, comte de Blois. Voici un extrait de cet acte :

« Partage fait entre Louys de Chastillon, Comte de Blois, Jean et Guy de Blois, ses frères, l'an 1361, dont l'original est en la chambre des Comptes de Blois. Nous Loys de Chastillon, Comte de Blois et sires d'Avesnes, et nous Jehan et Guy de Blois, tous frères, avons fait les devis, ordenances, partages, appanaiges, et assignations qui s'ensievent en la fourme et maniere qui s'ensieut. C'est assauoir que nous, Comte dessusdit, avons et tendrons hereditablement à tousjours toute la conté de Blois. »

.. « Item la terre de Nouvion en Thérasche avecques les Haies de Nouvion et de Quievrelesche..... Et se il avenoit que nous, Comte de Blois dessusdit, allessions de vie à trespassement sans hoir de nostre char.... auroit ledit Guy ou ses hoirs et leur auendroit ou cas dessusdit la terre du Nouvion, et en Thérasche les bos que on dit les Haies du Nouvion et de Quievrelesche, et toutes les appartenances de ladite terre du Nouvion et desdites hayes, si auant comme ces choses s'estendent ou Royaulme de France et que nous, Conte dessusdit, y avons droit; sauve que ladite terre du Nouvion demourra carchée de l'assene ou assiette de terre qui doit estre fait au Bastart de Blois [2]; par ainsi que se ledit bastart mouroit sans hoir de sa char, ce retourneroit au Signeur du Nouuion qui pour le temps seroit...... ces présentes lettres.....

1. Cartulaire de Guise, f° 298-300; publié in-extenso dans Hippolyte Cocheris, *Notices et extraits des documents manuscrits.... et relatifs à l'histoire de la Picardie*, tome II; Paris, 1858, pp. 606 à 613.

2. Jehan, dit « le bastard de Blois » mourut sans enfants, selon les uns à la bataille d'Auray, le 29 septembre 1364, selon les autres à la bataille de la Roche Derrien en 1394 (Duchesne, preuves, p. 114; Michaux, p. 224; de Courcelles, *XI*, art. de Châtillon, p. 77.)

furent faites et données en l'an de grace mil trois cens soixante et un, au mois de juin ». [1]

Le seigneur du Nouvion est qualifié « Comte de Blois », *comes Blesensis*, dans les lettres qui ordonnent que la terre du Nouvion ressortira au bailliage de Saint-Quentin, ou à la prévôté de cette ville, selon les compétences de ces juridictions, tant que Ribemont, auquel elle ressortait autrefois, sera hors des mains du roi. Le droit de commitimus est donné à Paris en avril 1361 [2].

Gui de CHATILLON hérita en 1372 de la terre du Nouvion dans la succession de son frère aîné Louis, décédé sans laisser de postérité.

Le Nouvion est cité dans le contrat de mariage de son fils, Louis de Châtillon, avec Marie de Berry. L'acte, passé à Bourges le 29 mars 1383-84, s'exprime ainsi sur les conventions :

... « Item et s'il auenoit que nostre dit filz (Louis) nous survesquist, ladite Marie sera douée de la moitié de la conté de Blois, et des terres dessusdites, de celles de Nouvion en Theraisse et de Dargies, et generalement de la moitié de toutes les terres que le dit Loys aura ou Royaume de France, nonobstant coustume de pays ad ce contraire [3]..... »

Une transaction du 4 mars 1394-95 vint terminer la discorde au sujet du pré des Daims sis à Oisy dans le voisinage du vivier. La justice de ces prés fut abandonnée à Gui de Châtillon, comte de Blois, et dépendit désormais de la châtellenie du Nouvion ; mais les prés et les profits à en retirer furent attribués à la duchesse d'Anjou. Le fief du Robizeux resta enclave de la châtellenie. La justice, la garenne et la

1. Duchesne, preuves, pp. 113-114.

2. *Ordonnances des rois de France*, tome III, pp. 492-493; Archives Nationales, trésor des chartes, registre 89, pièce 607. Dans son *Histoire de la ville et des environs de Guise*, Laon, 1897, tome I, p. 169, Matton indique la date du 1er octobre 1361 pour la seigneurie de Guise.

3. Duchesne, preuves, pp. 116-117.

paisson des bois de Ferrant d'Ohis, unis à la forêt du Nouvion, furent attribuées au comte; mais la propriété en resta à la duchesse. Celle-ci pouvait y avoir un garde assermenté, ayant le droit d'exploiter comme un sergent, et de faire ses rapports à la justice du Nouvion. Les amendes étaient réservées au comte; mais la restitution et les dommages-intérêts devaient appartenir à la duchesse. Le débat pour des saules coupés à Boué, dépendance domaniale du comte, n'ayant aucune importance, fut considéré comme non avenu [1].

En 1395, le 10 juin, Gui de Châtillon présenta au roi le dénombrement de la seigneurie du Nouvion; voici le texte de ce curieux document, rédigé au Nouvion même :

« De vous Monseigneur le Roy, Je Guy de Chasteillon, Conte de Blois, tieng et adveue tenir en fief mon chastel, chastellenie, terre et sard du Nouvion en Téraisse, tant en terres et villes si comme Le Nouvion, Bouwes, Bergues, Barsi, et la maison de Beaucamp, comme les bois et hayes du Nouvion et Kiévrelesche, et tant en eaues, prez, molins, cens, rentes, teraiges, voies et chemins, toute seignourie et justice haulte, moienne et basse, comme en hommages, fiefs, arrière fiefs et aultres drois, noblesces et proffis quelconques en toutes ces choses et appartenances, sauf votre souveraineté. Et sont ces choses sur la fin du Royaume, joignans d'un costé à l'Empire, esparties de Haynnau, et de l'autre joignans à la terre de Guise. Et en fut ressortissant à Ribemont estant en main Royal, et dilecques à vostre siège à Saint-Quentin, et as us et coustumes des fiefs tenus en partie de Vermendois. Tesmoing mon scel mis à ces lestres ou dit lieu du Novion le diziesme jour de Juing lan de grace mil CCC. quatre vins et quinze [2] ».

Gui de Châtillon étant mort sans enfants en 1397, la sei-

1. Cartulaire de Guise, fol. 324: « Lettre de l'accord fait de plusieurs discors qui estoient pour cause du pret aux Dains et du pret Sausson emprés du vivier d'Oisy, entre la royne de Cecile et Mons. de Bloys » (4 mars 1394); et Matton, tome I, p. 177.

2. Archives nationales, P 54, n° 45.

gneurie du Nouvion passa aux mains de JEAN DE BRETAGNE, son cousin germain, qui avait épousé, le 20 janvier 1387-88, Marguerite de Clisson, dont nous n'avons pu retrouver le contrat de mariage. Il présenta au roi un dénombrement de de la seigneurie du Nouvion, daté de Lamballe, le 31 janvier 1398-99, dont voici le préambule : « Acte de dénombrement que nous Jehan de Bretaingne, Conte de Paintèvre et Seigneur de Nouvion en Thiérarche, faisons et baillons de la terre du Nouvion et le Sart avec ses appartenances et appendances, que tenons et advouons à tenir en foy et hommage de Monseigneur le Roy à cause de son chastel et chastellenie de Ribemont.... [1] ».

Dans un acte passé au château de Landrecies, le 9 avril 1398, et concernant la terre d'Avesnes, le seigneur du Nouvion est titré « Jehans de Bretaigne, comtes de Ponthèvre, vicomtes de Limoiges et sires d'Avesnes et dou Nouvion » [2].

Jean de Bretagne avait un frère cadet, nommé Henri. Il avait ratifié avec sa mère le traité de Guérande en l'an 1381 ; il passa ensuite avec Louis de France, duc d'Anjou, son beau-frère, en Italie, où il épousa la fille d'Honorat Caietan, comte de Fondi, gouverneur de la Campanie. « Depuis il fut despote de Romanie, et en 1398 il assista Louis II, duc d'Anjou, son neveu, dans la guerre qu'il eut contre Lancelot, usurpateur du royaume de Naples. »

« L'année suivante, il revint en Bretagne pour obtenir sa part de la succession de sa mère, laquelle était décédée longtemps auparavant (1384), Il intenta un procès à ce sujet contre Jean de Bretagne, comte de Penthièvre, son frère, lequel avait occupé tous les biens, meubles et immeubles. Et par

1. Archives nationales, P 55, n° 43. Dans sa « *Chronologie historique des seigneurs d'Avesnes* », Michaux, p. 266, parle d'un autre dénombrement de la seigneurie du Nouvion, de la même année. Nous n'en avons trouvé trace nulle part ; il est plus prudent de ne voir dans cette assertion qu'une erreur de copiste pour la date.

2. Archives du Nord, B. 1282, publié par Léopold Devillers, *Cartulaire des comtes de Hainaut*, tome III, Bruxelles, 1886, p. 101.

arrêt du Parlement de Paris prononcé le 14 février 1399-1400, il obtint par provision la quatrième partie de chaque portion qu'il demandoit es terres situées tant en Bretagne qu'ailleurs; ce qui fut confirmé par autre arrêt du dernier jour de juillet 1400 [1]. Mais depuis il mourut sans hoirs de son corps et laissa son frère héritier du tout » [2].

Jean de Bretagne étant mort le 16 janvier 1403-1404, son fils OLIVIER DE BRETAGNE devint seigneur du Nouvion, qui fut d'abord géré par sa mère, Marguerite de Clisson, fille du célèbre connétable de Clisson. Né en 1388, Olivier épousa en 1406, à Arras, Isabeau de Bourgogne, quatrième fille de Jean, duc de Bourgogne, qui fut alors le tuteur de son gendre.

L'acte de foi et hommage de la seigneurie du Nouvion, présenté au roi par Olivier de Bretagne, fut enregistré à Paris, le 18 juillet 1406, dans les termes suivants :

« Charles, par la grace de Dieu Roy de France, A nos amez et féaux gens de noz comptes et trésoriers à Paris, et au bailli de Vermandois et à nostre receveur illec sur le fait de nostre domaine, ou à leurs lieuxtenans, salut et dilection. Savoir vous faisons que aujourd'hui nostre très cher et amé cousin Olivier de Bretaigne, comte de Paintièvre, seigneur et chastellain du Nouvyon en Téresche, nous a fait les foy et hommaige qu'il nous estoit tenuz de faire desdites seigneurie et chastellenie de Nouvyon, qu'il tient de nous à cause de nostre chastel et seigneurie de Ribemont; A quoy nous l'avons receu, sauf nostre droit et l'autruy. Si vous mandons et à chascun de vous, si comme à lui appartiendra, que pour cause desdites foy et hommaige à nous non faiz, vous ou aucuns de vous ne donnez ou souffrez estre donné à nostre dit cousin aucun empeschement ou destourbir en sadicte terre et chastellenie du Nouvyon, ne aucune de ses appartenances ou appendances;

1. Dans les deux actes, il est ainsi nommé : « Henricus de Britania, miles, Dispositus Romaniæ ».

2. Duchesne, *Histoire de la maison de Chastillon*, p. 240, et preuves, pp. 132-134.

mais si aucun empeschement lui estoit mis pour ladicte cause, si l'en ostez ou faictes oster, chascun de vous en droit soy, veu ces présentes. Donné à Paris le XVIIIe jour de Juillet l'an de grâce mil quatre cens et six, et de nostre règne le vingt-sixièsme. Par le Roy, Messeigneurs les Ducs de Bourgogne et de Bourbonnois; les Comtes de Mortaing et de Cleremont, et autres presens [1] ».

Dans un accord passé le 4 janvier 1406-07, entre le seigneur de Guise et celui du Sart du Nouvion au sujet du droit de vinage, on cite d'une part : « Haute et puissante dame Madame Marguerite de Clichon, comtesse de Penthièvre, vicomtesse de Limoges, dame d'Avesnes et du Sart du Nouvion, et comme ayant le bail, garde et administration de Olivier de Bretagne, son fils, signeur dudict lieu et lieux »..... ; et d'autre part : « Très haut et puissant prince le roy de Jérusalem et de Sicile, signeur de la dicte terre de Guise » (il s'agit de Louis II d'Anjou). [2]

Les archives des Basses-Pyrénées conservent plusieurs pièces relatives à la terre d'Avesnes. Dans l'une d'elles, datée du 5 mars 1410-11, le seigneur du Nouvion est qualifié de « hault et puissant prince Olivier de Bretaigne, conte de Painthèvre, visconte de Limoiges, signeur d'Avesnes et dou Nouvion » [3].

1. Archives nationales, P 15, n° 5345.

2. Cartulaire de Guise, ff. 325-327.

3. Imprimé dans Finot (Jules). *Une émeute à Avesnes en 1413*, Lille, 1895, pp. 46 et 48. — Archives des Basses-Pyrénées, E, 120.

II

Le 23 mars 1428-29, Olivier de Bretagne vendit la seigneurie du Nouvion à JEAN DE LUXEMBOURG. Bien que nous n'ayons aucune donnée au sujet de cette vente, on peut en attribuer la cause à deux raisons majeures : le désir de Jean de Luxembourg, qui s'était déjà emparé de vive force du comté de Guise, d'agrandir ses domaines; enfin et surtout les embarras financiers d'Olivier de Bretagne, qui, après maintes vicissitudes, avait été fait prisonnier sur le Rhin par « le marquis de Bade » et avait dû, pour se libérer, payer trente mille écus d'or, comme le rapporte Duchesne. [1]

Malgré de minutieuses recherches, nous n'avons pu retrouver le texte de l'acte de vente de 1429; nous nous bornerons à citer ici les mentions relevées dans un ancien inventaire des titres de la chambre des Comptes de la Fère : 1° f. 81 r°, « autre acquisition faite par Jean de Luxembourg des terres et seigneuries de Nouvion en Thiérache, Bourbles (*sic* pour Bouwés, Boué), Berghes et Barizis, à luy vendues par Olivier de Bretagne, comte de Pantèvre, pour la somme de 20.000 livres, du 23e mars 1428 [1429] Cotté par... A. 114 » [2]. 2° f. 81 v° :

1. p. 255.

2. Cité par Matton, tome I, p. 220. Dans son *Dictionnaire historique, généalogique et géographique du département de l'Aisne;* Paris, 1857, tome II, p. 81, Melleville écrit par erreur que le prix de vente fut de 120.000 livres.

« Autre contract de mesme vente des susdites terres et seigneuries de Nouvion, Bergues et Barizis par ledit Olivier de Bretagne à Jean de Luxembourg du 23e juin audit an. Cotté par... A. 217 ». [1]

Nous avons en outre trouvé la curieuse mention suivante :

« Coppye collationnée d'autres lettres de don faict par Henry [2], Roy d'Angleterre, soy disant Roy de France, audit Jean de Luxembourg des droitz de quint et relief prétendus à luy deuz par led. Jean (de Luxembourg) à cause de l'acquisition de la terre de Nouvion, du quinze avril 1429. » [3]

Il est incontestable que Jean de Luxembourg a possédé la terre du Nouvion de 1429 à 1441. Et Michaux commet une erreur en écrivant que Jean II de Bretagne, décédé en 1454, recueillit la succession de son frère aîné et devint seigneur du Nouvion, et après lui Guillaume de Bretagne, quatrième et dernier fils de Jean (Guillaume mourut en 1455, il avait épousé en 1450 Isabeau de la Tour). Enfin Françoise de Bretagne, fille de Guillaume, décédée en 1488, aurait été, selon Michaux, dame du Nouvion, comme héritière universelle de tous les biens de son père [4]. Et d'autre part, Duchesne s'était aussi trompé, pour ce qui touche Le Nouvion, en qualifiant Guillaume de Bretagne de « Vicomte de Limoges, seigneur d'Avesnes, de Nouuion, et autres terres», et Françoise de Bretagne de « Comtesse d'Albret, Vicomtesse de Limoges, Dame d'Avesnes, de Nouuion et autres Seigneuries. » [5]

1. Bibliothèque de l'Arsenal, ms. 3880; mêmes mentions aux Archives nationales, PP. 19 bis, f. 58 v°.

2. Le roi Henri VI.

3. Archives nationales, PP. 19 bis, f. 85 r°. Malgré de minutieuses recherches, il nous a été impossible de retrouver le texte de cet acte, par lequel Henri VI agit comme roi de France, faisant remise à son vassal de la redevance due pour la mutation de la terre; et le don était d'importance, car le droit de quint comportait le versement du cinquième du montant de la vente.

4. Michaux, *Chronologie*; pp. 309-316.

5. Duchesne, pp. 266, 271.

Nous avons relevé, malheureusement sans pouvoir en retrouver le texte, la mention d'un « Compte rendu à M. le conte de Liney et de Guise de la terre et seigneurie du Nouvion pour l'an 1440 »[1]. Ce comte de Liney (Ligny) est notre Jean de Luxembourg. Le Nouvion n'a d'ailleurs pas lieu d'être fier de ce seigneur, car c'est lui qui vendit Jeanne d'Arc aux Anglais. Il leur resta fidèle jusqu'au bout, refusa de signer le traité d'Arras en 1435, et affecta ensuite une grande indépendance vis-à-vis du roi de France et du duc de Bourgogne. Charles VII, irrité de sa conduite, venait de donner l'ordre de l'attaquer, lorsque Jean mourut au château de Guise, le 4 janvier 1441.

Soyer-Willemet, et après lui Léon Germain[2], ont dit que le roi Charles VII, par lettres données à Chinon, le 29 janvier 1435-1436, avait confisqué les biens que Jean de Luxembourg possédait en France et en avait fait don au comte du Maine, frère du roi René d'Anjou. Et le premier de ces auteurs place cette assertion sous le patronage du P. Anselme. Or, le P. Anselme ne dit pas un mot de cette prétendue confiscation, pas plus à l'article du comte du Maine qu'à celui de Jean de Luxembourg[3]; et l'acte royal qui l'aurait ordonnée n'a pu se retrouver aux Archives Nationales, ni dans aucun autre dépôt. Il est certain que Charles VII prononça la confiscation des biens du comte de Ligny situés dans le royaume, mais sans en disposer en faveur de personne; et ce dut être après 1436, probablement

1. Bibliothèque de l'Arsenal, ms. 3880. — Jean avait acquis le comté de Guise de René d'Anjou, roi de Sicile.

2. Soyer-Willemet, *Quand et comment le comté de Guise échut à la maison de Lorraine* (publié en 1852 dans les *Mémoires de l'Académie de Stanislas)*. — Germain (Léon), *René II, duc de Lorraine et le comté de Guise*; Nancy, 1887, pp. 27, 67.

3. P. Anselme, *Histoire généalogique et chronologique de la maison royale de France, des pairs, grands officiers*, etc. Troisième édition. Paris, 1726, t. I, p. 235 (comte du Maine), et t. III, p. 725 (Jean de Luxembourg).

en 1440, lorsque, selon l'expression de Monstrelet, « il avait conclu avec son conseil de luy non plus bailler aulcuns jours de respit, et avec ce droit du tout délibéré de venir à grand puissance contre luy pour le subjuguer et mettre en son obéissance. » [1]

Jean de Luxembourg n'avait pas eu d'enfants de Jeanne de Béthune, vicomtesse de Meaux; mais celle-ci avait eu, d'un premier mariage avec Robert de Bar, comte de Marle et de Soissons, une fille unique, Jeanne de Bar, qui avait épousé, le 16 Juillet 1435, au château de Bohain, le neveu de Jean, Louis de LUXEMBOURG, comte de Saint-Pol, le futur connétable à qui Louis XI fera trancher la tête le 19 décembre 1475. La veuve et le neveu s'empressèrent de conclure un accord au sujet du partage des terres et seigneuries qu'avait détenues le comte de Ligny. Cet acte est daté de Cambrai, le 8 février 1440-1441 ; voici ce qui concerne Guise et Le Nouvion : « ... C'est assavoir que nous, comte de Saint-Pol, pour et à cause de nostre droit, aurons et pourrons avoir, et joirons plainement et entièrement de toutes les comtez de Linez et de Guise, seul et pour le tout, en plain droit de propriété....., et aussy de toute la terre et seigneurie du Nouvion en Tiérache et appendances d'icelles, sans ce que nous, comtesse, en aulcune desdites comtez, terre et seigneurie dudit Nouvion, ayons ou doyons avoir quelque droit en propriété ou proffict, sauf seullement et réservé pour nous, comtesse, que toutes fois qu'il nous plaira nous pourrons aller ou faire chasser de nos chiens et voler en ladite comté de Guise et terre dudit Nouvion... ». [2]

Charles VII pacifiait alors la Champagne (février-mars 1441). Au retour de cette expédition, qui avait été une marche triom-

1. *La Chronique d'Enguerran de Monstrelet*, publiée par L. Douët-d'Arcq; Paris, 1861, t. V, p. 456.

2. Archives du Musée Condé à Chantilly, D. 107. — La comtesse gardait, sa vie durant, la jouissance des terres de Bohain, Bernot et Beaurevoir.

phale, le roi fit séjour à Laon (avril). « Là, apprenant que les gens du comte de Saint-Pol s'étaient emparés à Ribemont d'un convoi d'artillerie qui venait de Tournai, il envoya La Hire, Antoine de Chabannes et Joachim Rouault avec un corps d'armée pour tirer vengence de cet attentat. Averti de cette attaque, le comte de Saint-Pol avait en toute hâte garni ses places ; mais quand ses gens virent paraître l'armée royale, ils n'osèrent résister, et évacuèrent Ribemont. La place fut aussitôt occupée par les Français. De là, ceux-ci se portèrent sur Marle, qui fut assiégé. Le comte de Saint-Pol, se voyant ainsi serré de près, sentit que toute résistance était inutile ; il n'avait plus qu'à se soumettre » [1]. Il recourut aux bons offices de sa tante et belle-mère.

Quelques jours avant Pâques (qui tomba le 16 avril), « alla devers le Roy à Laon, dit Monstrelet [2], Jeanne de Béthune, comtesse de Ligney et vicomtesse de Meaux ; lequel Roy fut très content de sa venue et la reçut très agréablement et joieusement. Et releva du Roy icelle comtesse toutes les signouries qu'elle tenoit de luy. Et avec ce fist certain traictié avec ses commis, pour et en tant que toucher luy pooit, des biens meubles que son feu mary luy avait laissiés, lesquelx on disait estre confisqués pour ce qu'il estoit allé de vie par mort adversaire du Roy, et en paya certaine somme d'argent. Et par ainsy, au regard de ce demoura paisible et en obtint lectres royaux ».

La comtesse de Ligny profita des bonnes dispositions de Charles VII pour intervenir en faveur du comte de Saint-Pol. « Et finablement ledit comte alla à Laon devers le Roy, duquel et du Daulphin il fut receu assés courtoisement...... Après que sur ce le Roy avec son grand conseil eu tenu plusieurs journées, et que ledit comte eut esté ouy sur ce qu'il vouloit dire et requerre, fut ordonné que iceluy comte de Saint-Pol

1. Marquis de Beaucourt, *Histoire de Charles VII*, t. III, pp. 173-174.

2. *Chronique*, Paris, 1861, t. V, p. 469.

demourroit en la bonne grâce du Roy, moyennant qu'il luy feroit hommage et sairement de fidélité des terres et signouries qu'il tenoit en son royaume, tant de par luy comme de par la comtesse de Marle et de Soissons, sa femme ; et avec ce qu'il feroit mettre sa ville de Marle en l'obéissance du Roy et de ses commis et en vuidier ceulx qui dedens estoient ; et oultre plus qu'il baillerait certaines lettres signées de sa main et scellées de son scel, contenant certains points déclairiés en icelle, dont la copie sera cy après mise et escripte ». [1]

Ces lettres, acte de complète soumission, furent datées de Laon de 20 avril 1441 ; Enguerran de Monstrelet les a insérées dans sa Chronique, et M. Matton les a publiées à nouveau, soit d'après Monstrelet, soit d'après le manuscrit conservé aux Archives Nationales [2]. Nous ne citerons donc que le passage suivant, qui intéresse l'héritage de Jean de Luxembourg et par conséquent la seigneurie du Nouvion : « ..... Et avec ce ay promis et promés de respondre en la court de parlement à tout ce que le roy ou son procureur vouldra maintenir, requerre ou demander touchant la succession de feu monseigneur le comte de Ligney, mon oncle, à cui Dieu pardoint, tant au regard des héritaiges comme des biens meubles,..... et pour les comtés de Ligney et de Guise comme pour aultres terres et signouries venues de mon dit feu oncle, et de tenir, obéyr et accomplir, en tant qu'en moy est, tout ce que par la dicte court me sera sur ce jugié et apointié. Pour quoy j'ai prins et accepté jour, et me suis tenu et tieng pour adjourné en ladicte court de parlement, pour respondre au procureur du Roy, au xve jour de juillet... » Ceci n'indiquait rien de bon pour le comte de Saint-Pol ; en somme, la confiscation était maintenue, la délivrance de l'héritage de Jean de Luxembourg restait en suspens, et l'héritier s'en remettait au jugement de la cour souveraine. Il est clair qu'il n'en pouvait sortir sans y laisser plume ou aile.

1. *Chronique* de Monstrelet, t. V, p. 465.
2. Archives Nationales, J. 792. — Matton, t. I, pp. 240-241.

Les procédures furent entamées dès 1441 et furent poursuivies avec moins de lenteur que ne le comportaient les mœurs judiciaires de l'époque. Un compétiteur inattendu, que Charles VII favorisait ouvertement, se porta partie au procès : Charles d'Anjou, comte du Maine, arguait de la confiscation pour réclamer le comté de Guise en qualité d'héritier de son frère le roi René, qui l'avait vendu à Jean de Luxembourg. Il devint bientôt évident que Guise et Le Nouvion seraient la rançon de la soumission du comte de Saint-Pol. Lorsque, par lettres données à Paris le 26 septembre 1441, Charles VII ordonna, en faveur de la comtesse de Ligny, la main levée des biens confisqués sur son défunt mari, il eut soin d'ajouter : « Sauf et réservé les comté de Guise et seigneurie de Nouvion et leur appartenances, au regard desquelles nous et nostre procureur demourons en nostre entier et en tous nos droictz et actions à en faire action, poursuite et demande, où et quand bon nous semblera, et à elle, pour telle portion qui luy peut appartenir, ses défenses au contraire ». [1]

Au parlement, le procureur-général soutint énergiquement la validité et le maintien de la confiscation prononcée contre Jean de Luxembourg ; les bonnes raisons lui manquaient d'autant moins que le comte de Saint-Pol s'était associé à la rébellion de son oncle et que lui-même ne s'était soumis que contraint et forcé. Le comte était en meilleure posture en face du comte du Maine : le comté de Guise avait été acquis régulièrement par Jean de Luxembourg, et la maison d'Anjou n'y conservait aucun droit. Cependant on avait l'impression que l'affaire se présentait mal pour le comte de Saint-Pol, et lui-même, s'en rendant compte, s'empressa d'entrer dans les voies d'arrangement qui lui furent ouvertes : il avait une sœur non mariée, Isabelle de Luxembourg ; il fut convenu

1. Archives Nationales, K. 67, n° 11 [2]. Archives du Musée de Condé, D. 107. — Dupuy cite un document du 26 mai 1447 dans lequel le roi rappelle qu'il s'était réservé le comté de Guise et la seigneurie du Nouvion (*Traictez touchant les droicts du Roy*..., Paris, 1655, p. 535).

qu'elle épouserait le comte du Maine et lui apporterait en dot Guise et Le Nouvion. Le comte de Saint-Pol nomma son procureur le 31 Mars 1443, à Paris ; le comte du Maine donna sa procuration, à Poitiers, le 31 mai; un projet d'accord matrimoniale fut rédigé à Poitiers et signé le 2 Juin. [1]

Le roi autorisa le mariage par lettres données à Angers le 9 janvier 1343-1444 ; citons ce passage : « ....Avons dit, déclairé et ordonné, disons, déclairons et ordonnons par ces présentes, que nostre cousin le comte de Saint-Pol baillera, cédera, délaissera, et transportera à nostre frère et cousin le comte du Maine les contez, chasteaulx, villes, forteresses, terres et seigneuries de Guise et de Liney et de Nouvion avecques leurs appartenances, appendances, deppendances et adjacences, droiz, noblesse, fiefs, rerefiefs, prérogatives et autres preéminences quelzconques, pour estre l'éritaige de nostre dit frère et cousin le comte du Maine à tousjours, de ses hoirs, successeurs et ayans cause ». Le même jour, le contrat de mariage fut signé en présence du roi au château d'Angers [2], et Charles VII fit don aux comtes de Saint-Pol et du Maine des droits fiscaux dus au trésor royal pour la transmisssion des terres de Guise et du Nouvion. Ces lettres de remise, aussi datées d'Angers le 9 Janvier 1443-1444, comprennent deux documents : un au nom du comte du Maine seul et ne visant que Guise et Le Nouvion, l'autre aux noms des comtes de Saint-Pol et du Maine et visant Guise, Ligny, Le Nouvion, Bohain et Beaurevoir. En voici des extraits :

1° ..... à nostre frère et cousin (le comte du Maine)... avons donné et quicté, donnons et quictons de grâce espécial par ces présentes tout ce en quoy nostre dit frère et cousin nous est et peut estre tenu à cause des rachaz, reliefz, quins deniers, ventes et autres devoirs de la conté de Guise, de la terre de Novyon, tenus de nous à cause de nostre chastel de Ribemont... » ;

1. Bibl. Nat., ms. fr. 20175. f. 947 et suiv.
2. Archives Nationales, P. 1334 [18], pièces 88 et 89.

2° « ..... Avons à nostre dit frère et cousin le conte du Maine et nostre dit cousin le conte de Saint-Pol, et à chacun d'eulx pour tant que chacun peut ou pourra toucher, donne et quicté, donnons et quictons de grâce espécial par ces présentes tout ce en quoy ilz et chacun d'eulx nous sont ou peuvent estre tenuz à cause des rachaz, reliefz, quins deniers, rerequins deniers, loz, ventes, et autres devoirs quelzconques pour raison de l'appointement fait entre eulx des contez de Guise et de Liney, terres et seigneuries de Nevyon, Bohoin et Beaurevoir...» [1].

Enfin, par un acte séparé, daté du 23 janvier 1443-1444, Louis de Luxembourg, comte de Saint-Pol et de Brienne, déclare qu'à l'occasion du mariage de sa sœur Isabeau avec Charles d'Anjou, comte du Maine, de Mortain et de Gien, il baille, cède et délaisse audit comte du Maine la comté de Guise et la seigneurie du Nouvion [2].

CHARLES D'ANJOU, comte du Maine, prit donc possession du comté de Guise et de la châtellenie du Nouvion. Il en fit hommage au roi le 20 juin 1444 [3].

Dans un dénombrement du fief du petit vinage de Guise, présenté par Jean de Flavigny, le 18 novembre 1444, notre seigneur du Nouvion est qualifié de « très hault et très puissant prince et nostre très redouté seigneur Monsieur le Comte du Maine et de Guise » [4] : et plus tard, dans un compte du receveur de Guise pour l'année 1455-1456, « très excellent et

1. Archives du Musée Condé, D. 107. Le second document fut enregistré en la Chambre des Comptes le 25 juillet 1444.

2. Archives du Musée Condé, D. 107.

3. Le n° 4090 des Papiers du duché de Guise conservés au Musée Condé contient cette mention :

« ... Item unes lettres données le xx juing 1444, par lesquelles appert Charles, conte du Maine et de Guyse, après avoir fait au roy les foy et hommaige que tenu estoit de faire à cause dudit conté de Guyse, seigneurie de Novyon et leurs appartenances, mouvant du roy à cause du chastel de Ribemont.... ».

4. Musée Condé, D, n° 655.

puissant prince et très redoubté seigneur Monsieur le conte du Maine et de Guise, de Mortaing et de Gyen » [1].

Charles VII étant mort le mercredi 22 juillet 1461, Charles d'Anjou dut faire hommage de ses terres au nouveau roi. Il assista au sacre de Louis XI le 18 août 1461 ; puis il profita de la présence du roi à Tours pour accomplir, le 23 octobre suivant, l'acte de foi et hommage dû pour le comté de Guise [2]. Par lettres patentes données à Tours le 23 octobre 1461, Louis XI déclare « que nostre très chier et très amé oncle et cousin Charles, conte du Maine, de Guyse et de Mortaing, nous a aujourduy fait les foy et hommage lige qu'il estoit tenu nous faire pour raison de la conté de Guyse et de ses appartenances et appendences quelzconques, tenu et mouvant de nous à cause de nostre chastel de Ribemont en Vermendois; ausquelz foy et hommaige nous l'avons receu, sauf nostre droit et l'autruy » [3]. Le Nouvion n'est pas mentionné dans cet acte, mais il y est implicitement contenu.

Charles d'Anjou mourut le 10 avril 1472-1473 à Neuvy-en-Touraine [4] ; son fils unique, CHARLES D'ANJOU, COMTE DU MAINE, lui succéda dans la seigneurie du Nouvion. Il épousa Jeanne de Lorraine par contrat passé à Troyes le 21 jan-

1. Archives Nationales, P. 1346. Le seigneur du Nouvion porte les mêmes titres sur des comptes du receveur de Guise pour 1451-52 et 1463-66 (Musée Condé, registres 118 C¹ et 118 C₈). Un hommage du fief du Petit-Flavigny, en date du 12 février 1461-1462, ajoute à ces titres le suivant: « vicomte de Chastellerault » (Musée Condé)D. n° 1599).

2. Matton, t. I, p. 263, — Musée Condé, D, n° 4090, mention.

3. Archives Nationales, P, 337¹, pièce 854. Cet acte est aussi mentionné, mais avec la date erronée du 23 octobre 1451, dans un ms. de la Bibliothèque Nationale, fonds Dupuy, vol. 746, f. 97.

4. On peut trouver d'intéressants détails biographiques sur ce comte du Maine dans Villeneuve-Bargemont, *Histoire de René d'Anjou*, Paris, 1825, t. II, pp. 343-347. D'après Scévole et Louis de Sainte-Marthe, *Histoire généalogique de la maison de France*, t. I, p. 711, Charles d'Anjou serait mort en mai 1473 dans la ville d'Aix-en-Provence.

vier 1473-1474 [1]; elle mourut à Aix le 22 janvier 1480-1481, laissant par testament tous ses biens à son mari. [2]

Notons pour mémoire que Louis de Luxembourg, comte de Saint-Pol, qui avait été seigneur du Nouvion en 1441, faillit posséder de nouveau le comté de Guise et la seigneurie du Nouvion. Il avait été nommé connétable le 29 octobre 1465. Veuf de Jeanne de Bar en 1462, il épousa, en août 1466, Marie de Savoie, sœur de la reine de France. C'est à l'occasion de ce mariage que Louis XI s'engagea à lui faire recouvrer ces terres. Il lui donna les châtellenies de Marans et de Ré afin de lui faciliter l'échange de Guise et du Nouvion; mais la mort de Charles d'Anjou dérangea ces projets, que l'avènement du nouveau comte du Maine rendit plus difficiles à exécuter. [3]

La terre du Nouvion est citée dans le contrat de mariage passé à Vendeuil, le 21 juillet 1466, de « Loys de Luxembourg, Conte de Sainct-Paoul, de Liney, de Commersan et de Brienne, seigneur d'Enghien, de Beaurevoir et Chastellain de Lisle, Connestable de France »; citons le passage suivant: « Pour parvenir au mariage de Monseigneur Loys de Luxembourg, Conte de Sainct-Pol, Connestable de France, et de Madamoiselle Marie de Savoye, le Roy, en accomplissant le mariage donne à mondict Seigneur le Connestable et madicte Damoiselle, la Conté de Guise, Novion en Thierrasse et toutes leurs appartenances, et fera son léal devoir et possible de la recouvrer soit par eschange, par achapt ou autrement, pour en faire la délivrance à mondict Seigneur et Damoiselle, pour eulx et chascun d'eulx et leurs enffens procréés dudict mariage. « *Item*, mais pour ce que les choses ne sont pas à présent en disposicion de pouvoir promptement recouvrer ladicte Conte et Novion », le roi promet de payer 60,000 écus d'or en trois paiements.....« *Item*, et nonobstant ladicte obli-

1. Bibliothèque Nationale, ms. fr. 20175, ff. 951-954.
2. Sainte-Marthe, *op. cit.*. t. I, p. 714.
3. Matton, t. I, p. 274. — Bibl. Nat., fonds Dupuy. vol. 435, f. 142.

gation desdits Lx^m escuz d'or la part du Roy, sera neantmoings fait tout devoir pour en dedans lesdicts troys ans recouvrer ladicte Conté de Guise et Novion au prouffit de mondict Seigneur le Connestable et de madicte Damoiselle. Et si ainsi avenoit que, en dedans lesdicts troys ans ensuivans lesdicts fiansailhes, le Roy baillast ladicte Conté et Novion et en fist plaine délivrance à mondict Seigneur le Connestable, en ce cas icellui Monseigneur le Connestable sera tenu de luy rendre les deniers qu'il aura receuz de ladicte somme de Lx^m escuz d'or ou l'éritaige qui en aura esté acquis. *Item* et pareillement en faisant et accomplissant le paiement desdits Lx^m escuz d'or, si, après tous devoirs faictz pour recouvrer ladite Conté de Guise et Novion, le Roy ne pourroit faire délivrance, il demourera quictée et deschargé de sadicte promesse. [1]

Vignier dit que le contrat de mariage fut passé le 1er août 1466 et confirmé par d'autres lettres patentes datées du 14 du même mois. Enfin, dans les *Mémoires de Philippe de Comines* on relève le passage suivant, qui se rapporte à l'année 1475 : ... « Et le Roy pressoit fort que ledit connestable vinst devers luy, et luy offroit certaine récompense qu'il demandoit pour le comte de Guyse, comme autrefois luy avoit promis... » [2].

Louis XI donna à Amboise, le 20 juin 1473, des lettres patentes, dont voici le principal passage : « ..... Savoir vous faisons que nostre très cher et amé cousin Charles d'Anjou, conte du Maine et de Guise, seigneur de Novion, nous a aujourd'huy fait en noz mains les foy et hommaige lige qu'il nous estoit tenu faire pour raison dud. conté de Guise et Seigneurie dud. Novion, leurs appartenances, appendences et deppendences, à luy nouvellement escheuz et advenuz par

1. Bibl. Nat., ms. fr. 4330, ff. 19 à 24.
2. Nicolas Vignier, *Histoire de la maison de Luxembourg*; Paris, 1619, pp. 667-669. — Dupuy, p. 535.— *Mémoires de Philippe de Comines*, édition Michaud et Poujolat, tome IV, Paris, 1837, p. 86.

le trespas de feuz nos oncle et tante les conte et contesse du Maine, ses père et mère, tenuz et mouvans de nous à cause de notre chastel de Ribemont en Vermandoys, ausquelz foy et hommaige nous l'avons receu, sauf nostre droit et l'autruy. » [1]

Dans un acte de foi et hommage pour des fiefs sis à Wassigny et Flavigny, en date du 31 décembre 1475, le seigneur du Nouvion est ainsi designé : « Très hault et très puissant prince et nostre très redouté seigneur Monseigneur le duc de Calabre, comte du Maine, de Guise, de Mortaing et de Gien ». Même formulaire dans l'acte de foi et hommage de la seigneurie d'Iron en date du 23 octobre 1480. [2]

1. Musée Conde, D. 107, original ; cité par Matton, t. I, p. 277.
2. Musée Condé, D, n°s 1781 et 1600.

III

Notre seigneur du Nouvion n'avait pas d'enfants; sa plus proche héritière était sa sœur Louise d'Anjou, qui avait épousé Jacques d'Armagnac, duc de Nemours. Or Louis XI avait fait trancher la tête au duc de Nemours en 1475 pour crime de rébellion; les biens du coupable avaient été confisqués, puis partagés entre divers favoris du roi; ses enfants étaient dépouillés et restaient sous le coup de la colère royale. Charles d'Anjou ne pouvait donc léguer ses biens à la veuve et aux enfants du duc de Nemours, qui n'auraient pas eu la permission de les recueillir. Il résolut d'instituer pour son légataire universel le roi lui-même, escomptant un retour de clémence en faveur des enfants innocents. C'est dans ce sens qu'il rédigea son testament le 10 décembre 1481. Il mourut le lendemain [1]. La succession était d'importance,

1. J. du Mont (*Corps universel diplomatique du droit des gens*, 1726, t. III, IIe partie, pp. 82 à 93) a publié les trois pièces suivantes, rédigées en latin, où d'ailleurs Guise et Le Nouvion ne sont pas mentionnés spécialement : 1° « Testament de Charles d'Anjou, dernier comte de Provence, par lequel il lègue le vicomté de Martigues à François de Luxembourg son cousin, fait plusieurs legs à ses serviteurs et domestiques, institue Louis XI, roi de France, après lui le Dauphin et autres successeurs rois de France, à l'exclusion de sa propre sœur mariée dans la maison d'Armagnac. Fait à Marseille le 10 décembre 1841 ». 2° et 3°, premier et second codicilles, faits le 11 décembre. — La clause du testament de Charles d'Anjou instituant Louis XI pour son héritier a été publiée par A. Lecoy de La Marche, *le Roi René*, Paris, 1875, t. II, pp. 394-395.

car elle comprenait une de nos plus belles provinces, la Provence, sans compter les comtés du Maine, de Mortain, de Gien et de Guise.

Comme de juste, Louis XI prit le tout; mais il ne songea pas un instant à adoucir le sort des héritiers du duc de Nemours. LOUIS XI fut donc seigneur du Nouvion du 11 décembre 1481 au 30 avril 1483, jour où il mourut au château de Plessis-les-Tours. Et CHARLES VIII lui succéda dans la seigneurie du Nouvion, mais ce ne fut pas pour longtemps. Tout en maintenant réunis à la Couronne les domaines de la maison d'Anjou, il rendit aux enfants du duc de Nemours la plus grande partie des biens de leur père, et y joignit Guise et Le Nouvion, qui provenaient de leur grand'-mère maternelle, Isabeau de Luxembourg.

Jacques d'Armagnac, duc de Nemours, avait laissé trois fils et trois filles. L'aîné, Jacques, né en mars 1468, mourut jeune, JEAN et LOUIS D'ARMAGNAC, nés en 1470 et 1472, possédèrent simultanément la seigneurie du Nouvion de 1484 à 1492, et Louis seul de 1492 à 1503. Des trois filles du duc de Nemours, Catherine mourut en 1486; MARGUERITE fut dame du Nouvion en 1503, et CHARLOTTE de 1503 à 1504, année où la seigneurie du Nouvion entra dans la maison de Lorraine.

Il nous reste à énumérer les divers actes concernant les d'Armagnac et le Nouvion.

Trois mois après la mort de Louis XI, les tuteurs et curateurs des enfants de Jean d'Armagnac, Jacques de Luxembourg, seigneur de Richebourg, leur grand-oncle maternel, et Guarcias Faur, l'ancien chancelier de Jean V d'Armagnac, devenu président au tribunal de Toulouse, obtinrent d'introduire une demande au nom des orphelins pour réclamer les seigneuries de Guise et du Nouvion, comme leur appartenant par suite du décès de leur oncle maternel, Charles d'Anjou, Comte du Maine. Diverses décisions du Conseil vinrent témoigner de la volonté qu'avait le pouvoir royal de porter remède à cette accablante infortune [1].

Le 15 novembre 1483, à Meung-sur-Loire; Charles de Bagencourt, conseiller au grand conseil, en vertu de « lettres royaux » expédiées la veille au grand Conseil, fit ajourner le procureur général du Roi au 24 novembre, à Paris, en l'hôtel du prieuré de Saint-Denis de la Châtre, » pour voir procéder sur les articles qui seront baillées de la part de Jean, Louis, Marguerite, Catherine et Charlotte d'Armagnac, enfants du feu duc de Nemours..... et ce tant que touche seulement les terres et seigneuries de Guyse et de Nouvyon estans ou baillage de Vermandoys..... » [2]

Des lettres royales, données au Plessis du Parc les Tours le 5 mars 1483-1484, ordonnèrent la remise provisoire de ces domaines aux enfants du duc de Nemours : « ..... A iceux nos cousins, de plaine puissance et auctorité royalle, avons baillé et délivré, baillons et délivrons lesdites terres et seigneuries venues de la succession dudit feu roy Charles d'Anjou, leur oncle maternel, à cause de nostre dicte cousine leur mère..... C'est assavoir le comté de Guise en Thiérache, baillage de Vermandois et prévosté de Ribemont, la terre, chasteau et seigneurie de Novion, audict bailliage....., avec leurs appartenances, pour en jouir plainement et paisiblement par manière de provision soubz nostre main, jusques à ce que par nostre cour de parlement à Paris, parties ouïes, en soit autrement ordonné, réservé que nous pourrons pourveoir et commettre qui bon nous semble à la garde des

1. B. de Mandrot, *Jacques d'Armagnac, duc de Nemours*, publié dans la *Revue historique*, tome 44, Paris, 1890, p. 311. Les Archives Nationales conservent une « Requête des enfants de Jacques d'Armagnac et de Louise d'Anjou, présentée au grand conseil au sujet des terres provenant de la maison d'Anjou » [vers 1483] (original sur parchemin, signé. P. 1372_2, cote 2121 *ter).*

2. Original sur parchemin, signé Charles de Bagencourt; Avec la relation du sergent, datée du lendemain. (Archives Nationales, P. 1363_2, cote 1201.)

places fortes et principalles d'icelles terres et seigneuries...» [1]

Le 1er mai 1489, au Plessis du Parc lès Tours, Charles VIII, roi de France, désigne Jean de Villiers, évêque de Lombez, abbé de Saint-Denis, et Jean d'Albret, seigneur d'Orval, pour tuteurs et curateurs de Jean d'Armagnac, duc de Nemours, et de Louis d'Armagnac, duc de Nemours, et de Louis d'Armagnac, comte de Guise. « Par le Roy, Vous, les sires de la Trémouille, de Gié, de Gravelle, de l'Isle, de Grimault, maître Jean de Saint-Han, et autres, presens. —Robineau.» [2]

Par lettres patentes données à Laval le 29 octobre 1471, le roi Charles fait remise au comte de Guise des droits seigneuriaux qui lui étaient dûs pour raison du comté de Guise. Il n'est pas question du Nouvion dans ces lettres, qui furent expédiées par les trésoriers de France, le 10 novembre 1491, au bailliage de Vermandois, où elles furent enregistrées le 24 mai suivant. [3]

Le comté de Guise et la seigneurie du Nouvion furent définitivement abandonnés par le roi à « nosdicts cousins Jean d'Armagnac, Duc de Nemours, et Louis d'Armagnac, comte de Guise », par lettres du 29 mars 1491-92, enregistrées au Parlement le 18 avril suivant, « sans préjudice de l'opposition du Duc de Lorraine » et à la Chambre des Comptes, le 4 mai 1492. [4]

Voici un acte inédit que nous avons eu la bonne fortune de découvrir : « Lettres du partage de Monseigneur de Guise », données à Paris, le 31 avril 1492, par « Jehan d'Armagnac, duc de Nemours, Conte de Guise, etc..., seigneur de ...Novyon... ». Jean d'Armagnac reconnait que les terres de Guise, du Nou-

1. Archives Nationales, P. 1363[1], cote 1186, P. 2534, f° 187, v°.

2. Copies sur papier, sans date ni signature. — (Archives Nationales, P. 1363[2], cote 1248 et P. 1372[1], cote 2016.)

3. Musée Condé, D 107; le ms 118 C[14] du même Musée mentionne (f. 68 r°) un « Arrest du Parlement aussi en latin pour M. le duc de Lorraine contre Jean, Marguerite et Charlotte d'Armaignac, du 10 janvier 1491 [92]. »

4. Archives nationales, P. 1363[1], cote 1186. Dupuy, p. 536.

vion et autres « appartiennent à nous et à nostre dict frère, et dont à présent nous avons ensemble la possession et jouissance ». Son frère Louis d'Armagnac l'a requis de le mettre en possession de diverses terres « pour l'entretenement de son estat et afin que plus qu'honnorablement il puisse entretenir et conduire à l'alentour de la personne de mon très redoubté et souverain seigneur Monseigneur le Roy, ou service duquel il est continuellement occupé..... Baillons, ceddons, transportons et délaissons à nostredict frère Loys d'Armaignac, sur sondict droit et partaige des terres et seigneureries cy dessus intitullées, spécifiées et déclairées, et par manière de provision, les terres et revenues qui s'ensuivent, c'est assavoir : les Contés de Guise et de Pardiac, les seigneuries de..... Novyon..... Et que nostredict frère fust certain, perpétuel et incommutable seigneur, propriétaire et possesseur desdictz contez de Guise, de Pardiac, seigneur de...Novyon... ». [1]

Le seigneur du Nouvion, Louis d'Armagnac, obtint, le 9 septembre 1491, délai pour rendre hommages de ses nouvelles terres [2]. On retrouve, à la date du dernier jour de septembre 1492, « ung hommage faict au Roy par le Conte de Guyse, pour raison de ladicte conté de Guyse et seigneurie de Novyon, mouvant de sa Majesté à cause de son chasteau de Ribemont ». [3]

Dans un dénombrement du fief de La Motte à Monceau-le-Viel, présenté le dernier jour de février 1496-97, le seigneur du Nouvion est qualifié par son vassal de « très excellent et puissant prince et mon très redouté seigneur Monseigneur Loys d'Armegnac, comte de Guise et de Perdiac ». [4]

La mort du roi Charles VIII, survenue à Amboise le 7 avril 1498, obligea le comte de Guise à faire hommage au roi Louis XII,

1. Bibl. Nat. ms. fr. 2919, ff. 96-97; et Archives nationales, X1a 1503, f. 149, mention.

2. Anselme, tome III, p. 430.

3. Archives nationales, PP2, f. 271, mention.

1. Musée Condé, D. n° 656.

le 6 juin 1498, « pour raison de ladicte conté de Guyse et de la seigneurie de Novyon mouvant de Sa Majesté à cause de son chastel de Ribemont ». [1]

Louis d'Armagnac devint duc de Nemours en 1499, à la mort de son frère Jean. Le seigneur du Nouvion est qualifié de « nostre très redoubté seigneur Monseigneur le duc de Nemours et conte de Guise », dans une commission de « sergent des bois de la haie du Nouvion », délivrée le 4 juillet 1502 en faveur de Nicaise Mainlevreau. [2]

Le Nouvion n'est pas mentionné dans le traité de mariage entre Louis d'Armagnac et Françoise d'Alençon, du 28 mars 1501. Le mariage n'eut d'ailleurs pas lieu, et Louis d'Armagnac fut tué, le 28 avril 1503, à la bataille de Cérignoles. [3]

La succession de Louis d'Armagnac échut, non sans quelques difficultés, à l'aînée de ses sœurs, MARGUERITE D'ARMAGNAC, qui devint alors dame du Nouvion. Le 8 juin 1503, fut fait le partage entre Marguerite et Charlotte d'Armagnac, « tant des successions de leurs père et mère, que de celles de Charles d'Anjou, Roy de Sicile, leur oncle, et de Jean et Louis, ducs de Nemours, leurs frères ». Relevons le passage suivant : « C'est assauoir que à maditte Marguerittc, aisnée, seront et demourront pour son partage des biens desdittes successions, tant pour son droit a cause de son chef, que pour l'avantage et prérogative de son aisnesse..., le conté de Guyse.... appar-

1. Archives nationales, PP[2], 271 v°. Matton, parle (t. II, pp. 291, 292) des hommages des terres de Guise et du Nouvion rendus par Jean d'Armagnac ; et p. 293, on lit : « Louis d'Armagnac, duc de Nemours, devint comte de Guise par la mort de Jean, son frère » ; ce sont des erreurs. Du reste ajoutons que les lettres patentes délaissant le duché de Nemours aux enfants de Jacques d'Armagnac portent déjà que le fils aîné sera duc de Nemours, et le puiné comte de Guise [2 août 1484 ; Archives Nationales, T. 1363[1], cote 1187].

2. Musée Condé, D. 107.

3. Archives Nationales, P. 1361[1], cote 1189. Anselme, t. III, p. 431.

tenances et deppendances »[1]. Le Nouvion n'est pas nommé en cet article, mais il est implicitement contenu.

Marguerite d'Armagnac épousa Pierre de Rohan, seigneur de Gié, maréchal de France, qui était à peine veuf de Françoise de Penhoët et qui avait bien près de cinquante ans. Pierre de Rohan donna, le 24 mai 1503, des lettres de procuration pour le traité de son mariage avec « haulte et puissante dame Marguerite d'Armignac, dame et duchesse de Nemours, comtesse de Guyse ». Le contrat fut conclu à Provins le 8 juin[2]. Et par acte passé à Nogent-sur-Seine le 15 juin suivant, Marguerite d'Armagnac céda au maréchal de Gié tous ses biens meubles.[3]

Le 8 juillet 1503, le maréchal fit l'hommage de ses terres au roi, comme il ressort des lettres patentes données le même jour par Louis XII, à Lyon : «... Savoir vous faisons que nostre très cher et très ainé cousin Pierre de Rohan, duc de Nemours conte de Guyse, seigneur de Gyé, per et mareschal de France, tant au nom de luy que de nostre très chère et très amée cousine Marguerite d'Armignac, duchesse dudit Nemours et contesse dudit Guyse son espouse, nous a ce jour d'huy fait en noz mains les foy et hommaige qu'ilz nous estoient tenuz de faire pour raison et à cause de la duché et perrie de Nemours et toutes ses appartenances, tenue de nostre couronne, de la conté de Guyse et seigneurie de Novyon, tenue de nostre chastel de Ribemont... », etc.[4]. Et, de Mâcon, le 19 juillet, Louis XII adressa des lettres de jussion à la Chambre des Comptes pour l'enregistrement de l'acte[5]; la Chambre ne fit

1. Bibl. Nat., fonds Doat, ms., vol. 228.

2. Archives Nationales, P. 1380 [1], cote 3186; et Bibl. Nat., ms. fr. 22341, f. 146: publié par M. de Maulde, *Procédures politiques du règne de Louis XII*. Paris, 1885, pp. 758-763.

3. Archives Nationales, MM. 759, p. 845: et Bibl. Nat., ms. fr. 22341, f. 128; publié par M. de Maulde, pp. 695-697.

4. Musée Condé, D. 107, original ; Bibl. Nat., fonds Dupuy, vol. 435, f. 198.

5. De Maulde, LXXXIII, n° 2, pp. 697-698. Archives Nationales, MM. 759, p. 846, et Bibl. Nat., ms. fr. 22341, f. 109.

aucune difficulté au regard de Guyse et du Nouvion, mais elle maintint son opposition en ce qui concernait le duché de Nemours, pour lequel les parties furent renvoyées au parlement de Paris (28 août - 2 septembre 1503). [1]

Marguerite d'Armagnac, dame du Nouvion, mourut sans enfants au mois de novembre 1503; Pierre de Rohan, son mari, décéda à Paris le 22 avril 1513 [2]. La seigneurie du Nouvion échut à la sœur cadette et unique héritière de Marguerite, CHARLOTTE D'ARMAGNAC, qui épousa peu après le beau-fils de sa sœur, Charles de Rohan, vicomte de Fronsac, issu du premier mariage du maréchal de Gié. Le contrat fut passé à Nogent-sur-Seine le 4 janvier 1504 [3], et le vicomte de Fronsac prit aussitôt le titre de comte de Guise, comme le prouve la lettre que Louis XII adresse, de Lyon, le 24 janvier 1504, à Charlotte d'Armagnac pour la féliciter au sujet du « mariage de vous et de mon cousin le comte de Guise » [4].

En faisant son testament, le 12 août 1504, Charlotte d'Armagnac institua son mari héritier pour tout ce dont la coutume lui permettait de disposer [5]. Cette dame du Nouvion mourut en août 1504; avec elle s'éteignait la maison d'Armagnac [6].

1. Musée Condé, D. 107, original. Cf. Dupuy, p. 537,

2. Anselme, t. IV, p. 69. Pierre de Rohan fit son testament le 19 avril; il n'y est pas question du Nouvion (Archives Nationales, MM. 759, p. 871 et Bibl. Nat. ms. fr. 22341, ff. 225-226, publié par M. de Maulde, pp. 776 à 780.).

3. Archives Nationales, MM. 759, pp. 854-859, et Bibl. Nat., ms. fr, 22341, ff. 136 à 139.

4. Cf. de Maulde, pp. 706-708.

5. Archives Nationales, P. 1380_1, cote 3189; MM. 759, pp. 861-868; et Bibl. Nat. fonds Doat, vol. 228, f. 163.

6. Nous n'avons trouvé aucune mention sur Le Nouvion dans un « Mémoire sur les alliances et les partages qui ont eu lieu dans la seconde maison d'Anjou depuis Louis, fils du roi Jean, jusqu'à la mort des demoiselles d'Armagnac, Marguerite, Catherine et Charlotte. (Archives Nationales, P. 1380_2, cote 3233.)

IV

C'est en 1504 que la Seigneurie du Nouvion entra dans la maison de Lorraine en la personne de René II, duc de Lorraine. Avant de mentionner ce personnage, il convient de rappeler ici les diverses revendications auxquelles donna lieu la succession de Charlotte d'Armagnac. Notons d'abord que son mari conserva jusqu'en 1527 l'usufruit du comté de Guise et de la seigneurie du Nouvion [1].

Charlotte ne laissait comme héritières naturelles que Mesdames de Bourbon et de Berry, ses parentes éloignées. La succession se liquida rapidement, et les deux sœurs se bornèrent à faire prendre possession simultanément et à titre in livis, des terres qui leur étaient divolues, et entre autres la terre du Nouvion; mais de fait elles ne la possédèrent jamais, et nous ne mentionnons ici que pour mémoire les pièces qui concernent ces deux princesses.

Jeanne de FRANCE, duchesse de Berry, avait donné à Bourges, le 30 novembre 1504, des lettres de procuration, signées de sa main et scellés de son sceau en cire rouge, à « Jehan d'Aumont, seigneur de Conches ». Il devait prisentir au roi les foi et hommage que Jeanne était tenu de lui faire « pour raison et à cause de telles pars et porcions que nostre

1. Charles de Rohan épousa en secondes noces « dame Jehanne de Saint-Severin ». Le contrat de mariage, du 2 juin 1512, ne renferme aucune mention du Nouvion. (Bibl. Nat., ms. fr. 22341, ff. 258-249 et Anselme, t. IV, p. 69).

dite cousine a es conté de Guise et seigneurie de Novyon, assises et bailliage de Vermandois, tenues et mouvant de nous à cause de nostre chastelz de Sainct-Quentin et Ribemont. » Cet acte de foi et hommage fut reçu à Paris le 10 décembre 1504, et enregistré à la Chambre des Comptes le 11 janvier suivant. [1] Jeanne de France mourut le 4 février 1505, instituant sa sœur Anne son héritière universelle. [2]

ANNE DE FRANCE, duchesse de Bourbonnais et d'Auvergne, avait aussi fait présenter au roi par son procureur, le 8 décembre 1504, « les foy et hommaige lige que tenueue nous estoit faire pour la part, droit et porcion qu'elle a et peut avoir au conté de Guyse et seigneurie du Novyon, à elle advenu et cocheu par le trespas de feu nostre cousine Charlotte d'Armignac, icellui conté de Guyse et seigneurye de Novyon tenu et mouvant de nous à cause de nostre prévosté de Ribemont..... [3] » L'acte fut enregistré à la Chambre des Comptes le 21 janvier suivant. [4]

Anne de France donna à Paris, le 20 février 1504-05 des lettres permettant au duc de Lorraine de prendre possession du comté de Guise et de la seigneurie du Nouvion, sans préjudice des droits et octroys tant en propriété que possession que nous y pouvons avoir. » [5]

Mentionnons enfin un hommage rendu par Catherine de Foix, Reine de Navarre, duchesse de Nemours, etc., petite-fille de Marie d'Anjou et du roi Charles VII; « pour la part qu'elle prétend au comté de Guise et seigneurie du Nouvion, mouvant de Ribemont, à elle échu avec autres objets par le décès de Charlotte d'Armagnac »; l'acte est du 13 février 1504-05. [6]

1. Archives Nationales, P. 1359_1, pièce 687.
2. Son testament, du 4 février 1504-05, a été publié par Dom Luc d'Achery. (*Spicilogium*, tome III, p. 849).
3. Archives Nationales. P. 15, n° 5515.
4. Archives Nationales, P. 1372_2, pièce 2121 bis.
5. Musée Condé, D. 107; Anne de France mourut le 14 novembre 1522.
6. Musée Condé, D. n° 4090. mention.

Avant d'étudier les différentes pièces qui établissent la prise de possession des terres de Guise et du Nouvion par René, il convient d'examiner sur quelles bases il appuie ses revendications, qui l'amenèrent à engager de longs procès contre les Rohan au parlement de Paris.

D'après le droit féodal, écrit Germain, tous les biens provenant de la ligne maternelle — c'est-à-dire de Louise d'Anjou — durent faire retour au plus proche parent de ce côté, qui se trouva être René II, duc de Lorraine; il n'était pourtant cousin de Charlotte qu'au sixième degré, comme il est facile de s'en rendre compte par la généalogie suivante, publiée par Germain.[1]

Louis II d'Anjou, roi de Sicile

René d'Anjou, roi de Sicile	Charles Ier d'Anjou, comte du Maine
Yolande d'Anjou, épouse Ferry II de Lorraine, comte de Vaudémont	Louise d'Anjou, épouse Jacques d'Armagnac, duc de Nemours
René II, duc de Lorraine	Charlotte d'Armagnac

Ajoutons encore ce petit tableau relatif à la maison de Lorraine:

Raoul, duc de Lorraine,
épouse Marie, dite de Blois (mère de Louis II d'Anjou).

Jean, duc de Lorraine

Charles I, duc de Lorraine	Ferry I de Lorraine
Isabelle de Lorraine, épouse René d'Anjou, roi de Sicile	Antoine I de Lorraine
Yolande d'Anjou épouse Ferry II de Lorraine, comte de Vaudémont	Ferry II de Lorraine
René II de Lorraine[2].	

1. Germain (Léon), *René II duc de Lorraine et le comté de Guise*; Nancy, 1887, p. 36.

2. L'abbé Pécheur, dans son *Histoire de la ville et des environs de Guise*, Vervins, 1851, tome I, p. 364, établit les revendications de René; il se trompe en écrivant que Marie de Blois est fille de Gui de Châtillon, son père était le bienheureux Charles de Blois.

Le duc de Lorraine s'empressa, en son château de Condé-sur-Moselle, le 20 septembre 1504, de donner commission à son fils Antoine pour prendre en fief du roi de France les comtés de Guise, vicomté de Châtellerault, terre et seigneurie de Sablé et autres terres [1]. Le même jour, il nommá ses procureurs, pour prendre possession des mêmes terres, Jean de Haraucourt, seigneur de Chauvency et Louis Merlin, général de ses finances et président de ses comptes de Bar, tous deux ses conseillers. [2]

De Neufchatel, le 25 novembre 1504, René II nomme ses procureurs, pour reprendre en fief du roi de France les comté de Guise, terres et seigneuries du Nouvion, etc., Louis de Stainville, sénéchal de Barrois et Louis Merlin, général de ses finances et président de ses comptes de Bar, tous deux ses conseillers. On lit : « comme par le trespas de feue nostre cousine Charlote d'Armignac, comtesse de Guyse, ladite conté de Guyse, terres et seigneuries de Nouvyon, Chastel Rault, Sabley et Lunel, avec leurs appartenences et deppendences, nous soyent obvenues et escheues comme son prochain héritier à cause de la maison d'Anjou. » [3]

Le 6 décembre 1504, René fit hommage au roi, ainsi qu'il se voit dans l'acte suivant : « Loys, par la grâce de Dieu Roy de France, A nos amez et féaulx les gens de noz comptes et trésoriers à Paris, au bailly de Vermandoys ou à son lieutenant et à nos procureur et receveur audict bailliage, salut et dilection. Savoir vous faisons que nostre très cher et très amé Cousin le duc de Lorraine nous a ce jourdhuy fait, par procureur souffisamment fondé quant à ce, es mains de nostre amé et féal chancellier, les foy et hommaige que tenu nous estoit faire pour raison des Conté de Guise, terre et seigneurie de Novyon

1. Archives de Meurthe-et-Moselle, B. 9, f. 103; publiée par Germain, pp. 52-54.

2. *Ibidem*, f. 110 et pp. 55-56.

3. Archives de Meurthe-et-Moselle, B. 9, f. 138; publié par Germain, pp. 59-61.

en Thiérache, leurs appartenances et appendances, à luy nagueres advenues et escheues par le trespas de feue nostre Cousine Charlotte d'Armaignac, tenues et mouvans de nous à cause de nostre chastel de Ribemont. Ausquelz foy et hommage nous l'avons receu, sauf nostre droit et l'autruy. Si vous mandons et à ung chascun de vous, si comme à luy appartiendra, que pour raison desdicts hommaiges à nous non faiz vous ne faictes ou donnez ne souffrez estre faict, mis ou donné à nostredict cousin aucun empêchement esdicts Conté de Guyse, terre et seigneurie de Novyon en Thiérache, leurs appartenances et deppendances. Ains si fait mis ou donné luy avoit esté ou estoit, les faictes incontinant et sans délay mectre à plaine délivrance. Car ainsi nous plaist il estre fait, pourveu qu'il baillera en nostre Chambre des Comptes dedans temps deu son adveu et dénombrement par escript, fera et paiera les autres droiz et devoirs s'aucuns en sont pour ce deuz, si faiz et payez ne les a. Donné à Paris le sixième jour de décembre l'an de grâce mil cinq cens et quatre et de nostre règne le septiesme. Par le Roy à Vostre relacion (signé) Durant. » [1]

Le Musée Condé conserve la minute du dénombrement [2] : « Cy après ensuit, soubz correction de meilleur conseil, ce qui samble estre à baillier pour dénombrement du conté de Guise et seignourie de Nouvion en Thérasche par hault et excellent prince le roy de Jhérusalem, Scicille, duc de Loraine et de Bar, conte de Guise et seigneur de Nouvion, à son seigneur féodal le très chrestien roy de France, duquel sont tenus lesd. conté de Guise et seignourie de Nouvion à cause de son chastel de Ribemont . . . . La terre et seignourie de Nouvion en Thérasche, appellée le Sart du Nouvyon. . . . . . . » Cette minute n'est pas datée.

Ce dénombrement ne dut être présenté qu'en 1508, car on

1. Archives Nationales, P. 15, pièce 5514.
2. Musée Condé, registre 104, D31.

retrouve des lettres du duc de Lorraine par lesquelles il paraît qu'il envoie un gros cartulaire, où est contenu tout le revenu du Comté de Guise, au lieutenant du bailli dudit Guise afin qu'il travaille au dénombrement du comté. Cette lettre, écrite en 1507, est accompagnée d'une missive du lieutenant, informant les gens de la Chambre des Comptes de Bar qu'il a reçu le cartulaire et qu'il fera dans Pâques le susdit dénombrement, pour éviter les frais et entreprises qui se font souvent sur le comté (5 mars 1507-08). [1]

René avait, le 18 mars 1504-05, confirmé dans ses fonctions Guillaume Courtin, bailli du comté de Guise. [2]

Le roi Louis XII, adressa, de Montilz-lez-Tours, le 16 juillet 1505, au bailli de Vermandois des lettres patentes dans lesquelles nous relevons le passage suivant : « ...Nous voulons et vous mandons que le chastel de Guyse, lequel puis naguères vous avons baillé en garde, vous baillez et délivrez es mains de nostre très cher et très amé cousin le duc de Lorraine, lequel tient le reste de la conté dudit Guyse ... ». [3]

Le 26 mai 1506, René faisait son testament. L'article XII est ainsi conçu : « Item voulons et ordonnons que nostre fils Claude soit nostre successeur au demeurant de nos dictes terres et seigneuries estans et situées tant en France qu'en Normandie, Picardie, Flandre, Hainaut et ailleurs ; en quoy l'instituons nostre héritier seul et pour le tout, sans que ses dicts frères y puissent prétendre quelque chose. » [4]

Claude avait été émancipé le 5 octobre 1504 ; son père le fit naturaliser Français par lettres du mois de mars 1506-07,

1. Musée Condé, D. 105.

2. Archives de Meurthe-et-Moselle, B. 9, f. 173 ; publié par Germain, pp. 61-62.

3. Musée Condé, D. 107. Matton, dans son *Histoire de la Ville de Guise*, n'a pas cité cette curieuse pièce. Les archives du duché de Guise font mention de comptes des terres de Guise et du Nouvion rendus en 1505-06 à René.

4. Bibl. Nat., fonds Dupuy, vol. 431, f. 71.

afin de lui assurer tous les moyens de faire valoir ses droits sur les terres qu'il possédait en France.

Ces actes ne devaient pas mettre fin à toutes les difficultés. [1] René II de Lorraine mourut le 10 décembre 1508 ; son fils CLAUDE DE LORRAINE devint seigneur du Nouvion.

Le 18 janvier 1508-09, le roi Louis XII accorda à la duchesse de Lorraine, qui avait « le bail, garde, gouvernement et administracion des personnes et biens » de ses enfants, « terme, souffrance, respit et délay » de faire les foi et hommage et bailler les dénombrements de leurs terres, jusqu'à ce qu'ils « soient parvenuz en aage compectant pour ce faire ». Ces lettres données à Blois furent enregistrées à la Chambre des Comptes, à Paris, le 6 février suivant. [2]

Un inventaire des titres conservé dans les archives du Musée Condé [3] contient la mention d'un « Compte du revenu de la terre et seigneurie de Novion rendu à la Royne de Sicille, contesse de Guyse, ayant le bail, garde et administration de Messeigneurs ses enfants, pour un an commençant le lendemain du jour Saint Jehan 1508 et finissant à pareil jour 1509. »

Le procès pendant entre Charles de Rohan et le duc René de Lorraine n'avait pas reçu de solution lorsque celui-ci mourut. La veuve de René, Philippe de Gueldres, obtint des « lettres royaux » pour la reprise du procès (29 décembre 1509) [4] Le parlement rendit son arrêt [5] le 1er février 1512-

1. Un inventaire des titres de la maison de Guise (Musée Condé, reg. C. 118 [14], f. 68) mentionne un « arrest du parlement escript en latin de l'an 1507 pour les dames duchesses de Lorraine et de Bourbonnois, demanderesses contre Mre Pierre de Rohan, seigneur de Gyé ». Le même inventaire (f. 68) cite : « Ung petit sac dans lequel sont des lettres royaux pour Monseigneur le duc de Lorraine, adjourné en reprise du procès touchant le conté de Guize contre Mre Charles de Rohan, jouissant par arretz de la cour de parlement de l'usufruict dudit conté de Guize ». Ces pièces ont malheureusement disparu.

2. Bibl. Nat., ms. fr. 22426, pièces 27 et 28.

3. D, 105.

4. Archives Nationales, X 1A, 1515, f. 65.

5. *Ibidem*, f. 65 v°.

1513 dans la cause « entre Messire Charles de Rohan, chevalier de l'Ordre, demandeur, d'une part, et la duchesse de Lorraine, en son nom et comme ayant le bail et administration des enfans du feu duc de Lorraine et d'elle, ayant reprins ce procès au lieu dudict défunct, demandeur, d'autre part..... Sera dict que ledict procès se peult bien juger en diffinitive sans enquérir la vérité des faitz de reproche desdictes parties; et au surplus que, sans avoir regard aux lettres royaulx de ladicte défenderesse, la court l'a condamnée et condamne souffrir et laisser joyr et user ledict demandeur, sa vie durant seullement, des fruictz, prouffitz, revenues et émolumens du conté de Guise et des maisons et places fortes, ensemble de la terre et seigneurie de Novyon, leurs appartenances et dépendances, le tout selon les lectres de don fait audict demandeur par feue dame Charlotte d'Armignac, le sixiesme jour de janvier mil cinq cens troys [1504]; et oultre à rendre et restituer à icellui demandeur les fruictz, prouffitz, revenues et émolumens que lesdicts défunct duc et duchesse ont prins, ou que ledict demandeur eust prins et perceu ou peu prandre et percevoir à cause desdicts conté de Guise, terre et seigneurie de Novyon, depuis le trespas de ladicte feue dame Charlotte d'Armignac jusques à présent, n'eust esté l'empeschement à lui donné par lesdicts feu duc et défenderesse. » [1]

Par lettres patentes données à Nancy le 25 février 1512-13, Antoine de Lorraine déclara céder et transporter à son frère

1. M. Matton, (t. I, p. 294) écrit que le parlement adjugea, le 9 février 1515-16, l'usufruit du comté de Guise et de la seigneurie du Nouvion à Charles de Rohan-Gié à cause de sa femme, et la nu-propriété à Claude de Lorraine; il y a certainement là une erreur de date, et l'arrêt fut rendu le 1er février 1513. D'ailleurs Dupuy (p. 537) ne mentionne, à la date du 9 février 1516, qu'une « commission obtenue par ledit sieur de Gié pour faire appeler ladite duchesse (de Lorraine) et son fils ». Et lorsque le Parlement enregistra les lettres par lesquelles François Ier racheta par échange l'usufruit du comté de Guise le 8 janvier 1527, il rappela « l'arrest donné le premier jour de février l'an mil cinq cens douze [1513], par lequel la joyssance..... fust adjugée audit de Rohan » (Musée Condé, registre 118 C⁹).

Claude comte de Guise tous les profits de fiefs et droits seigneuriaux dus au roi pour le comté de Guise et la seigneurie du Nouvion, et dont le roi avait gratifié le duc de Lorraine. Voici le début de cette curieuse pièce : « Anthoine, par la grâce de Dieu duc de Calabre, de Lorraine et de Bar, Marchis, marquis du Pont, comte de Prouvence, de Vaudémont, à tous ceulx qui ces présentes lectres verront salut. Comme monseigneur le Roy, par ses lectres patentes données à Paris le dix-huityesme jour de janvier l'an mil cinq cens et quatre [1505], nous eust donné et octroyé tous et chacuns les reliefz, rachaptz et autres droiz et devoirs seignoriaulx à luy deuz (à cause du conté de Guise et des terre et seigneurie de Novyon en Tiérache, tenus et mouvans de luy à cause de son chastel de Ribemont) tant par feuz monseigneur le duc de Nemours, conte de Guyse, Marguerite d'Armagnac, sa seur, que feue Charlotte d'Armagnac, aussi sa seur, comme aussi par feu de très noble recordacion le roy de Sicile, nostre père, duc de Lorraine et dudit Bar, lequel avoit depuis succédé aux dessus ditz es dictes conté, terres et seigneuries, ausquelles mondit seigneur le Roy nous avoit receu et fait recevoir en foy et hommage ou nom et comme procureur de nostre dit seigneur et père..... ». [1]

Le Nouvion est encore cité dans le contrat de mariage de Claude de Lorraine et d'Antoinette de Bourbon (9-21 juin 1513). Claude est qualifié comte d'Aumale et de Guise. La dot d'Antoinette est fixée à 60.000 livres tournois. Un douaire éventuel de 6.000 livres tournois lui est assigné sur « la comté de Guise, seigneuries de Novyon et Erisson, si, lorsque douaire aura lieu, ledit comté est es mains dudit seigneur [Claude] et que l'usufruit de Messire Charles de Rohan soit finy... Et au cas, quand douaire aura lieu, que ledict usufruit ne soit finy, ladicte Damoiselle aura et prendra son dict douaire sur les terres de

1. Musée Condé, D. 105, et Archives Nationales, KK. 908, f. 334 v°, mention.

La Ferté-Bernard.... Et pour sa demeure aura ladicte Damoiselle, le dict cas de douaire advenant, la place et maison forte dudict lieu de Guise si elle a le dict comté de Guise en douaire, ou le chastel de la dicte Ferté si elle a en douaire la baronnie de la Ferté.... ». [1]

Louis XII étant mort le 1er janvier 1514-1515, les vassaux de la Couronne étaient tenus de faire hommage de leurs terres au nouveau roi. La duchesse de Lorraine avait encore « le bail, garde, gouvernement et administracion des personnes et biens » de ses enfants; par lettres données à Paris le 12 mars 1514-1515, François Ier lui accorda « délai et souffrance » pour les foi et hommage et dénombrements, jusqu'à ce qu'ils « soient parvenuz en aage compectant pour ce faire ». Ces lettres furent enregistrées à la Chambre des Comptes le 2 juillet suivant » [2]

Un des premiers actes de Claude de Lorraine fut de signer à Bar, le 28 juillet 1516, une commission de « bailly des bois de la conté de Guise, sart du Nouvion et chastellenye de Hérisson » en faveur de Jean de Courcelles; c'était la confirmation de la nomination faite par sa mère le 23 octobre 1514, par suite de la mort de Pierre Calabre. Ajoutons que les archives du duché de Guise contiennent plusieurs commissions de ce genre, signées en 1512 et 1514 par « Phelippe [de Gueldres], royne de Jhérusalem, de Sicile, duchesse de Lorraine et de Bar, marquise du Pont, comtesse de Provence, de Vaudémont, d'Aumale, de Guise, ayant la garde et administration de nos enfants mandres d'ans » (mineurs). [3]

Le Nouvion avait donc deux seigneurs, Claude de Lorraine, nu-propriétaire, et Charles de Rohan, usufruitier; voici un acte de l'administration de ce dernier ; c'est le bail et fermage

1. Bibl. Nat., ms. fr. 8182, ff. 1 et suiv. Le contrat rédigé le jeudi 9 juin 1513 et ratifié le 21, a été publié par Gabriel de Pimodan, *La Mère des Guises*, Paris, 1889, pp. 413-418.
2. Bibl. Nat., ms. fr. 22426, pièces 25-26.
3. Musée Condé, D. 107.

des revenus de Guise et du Nouvion, en date du 18 Septembre 1518 : « Par devant Jehan Le Séneschal et Berthélemy Pérault, notaires au Chastellet de Paris, furent présens hault et puissant seigneur messire Charles de Rohan, chevalier de l'ordre du Roy, conte de Guyse et seigneur de Gyé, d'une part, et messire Loys de Proisi, chevalier, seigneur dudit lieu, d'autre part; et recongnurent lesdictes parties, mesmement ledit seigneur conte que à l'occasion de ce qu'il ne peult bonnement vacquer ou entendre à ses affaires dudit conté de Guyse, pour autant qu'il ne réside pas sur le lieu, mais au pays et duché d'Anjou, il avoit et a commis, institué et ordonné ledit seigneur de Proisy gouverneur et cappitaine dudit conté de Guyse jusques au temps et soubz les pactions, condicions et reservacions récitées cy après ; et avecques ce, icelluy conte a donné et donne audit de Proisy povoir de commectre soubz luy, à ses périlz et fortunes, gens telz qu'il advisera pour lever, cueillir et recevoir les deniers, grains, fruictz, prouffictz, revenuz et émolumens dudit conté de Guyse, terre et seigneurie de Novyon, leurs appartenances et deppendances, escheuz depuys le jour sainct Jehan Baptiste mil cinq cens dixhuit dernier passé jusques à neuf ans ensuyvans; desquelz fruictz et revenuz ledit seigneur de Proisy sera néantmoins responsable et principal paieur et debteur jusques à la somme de troys mil huit cens livres tournoys, qu'il en sera tenu, a promis et promect en faire rendre et payer chacun an audit seigneur conte en ceste ville de Paris, en l'ostel de maistre Nicole Charmolue, seigneur de Garges, advocat en parlement ou de maistre Pierre Aguenin, dit le Duc, seigneur de Villenode », etc., etc.

L'acte est très long, et nous ne pouvons transcrire toutes les conditions qu'il énumère. Nous relèverons cependant un passage qui montre que l'arrêt rendu par le parlement le 1er février 1513, consacrant le droit de l'usufruitier, n'avait pu empêcher le nu-propriétaire de soulever des conflits ; on en constate l'existence dès le début de 1516. Voici le passage : « Et pour ce que lesdits conté de Guyse, terre et seigneurie de Novyon, et leurs appartenances, sont à présent saisiz et mis en la main du Roy, dont y a eu appel interjecté par ledit seigneur conte en la court de parlement, où le procès est prest à juger, icelluy seigneur conte sera tenu et promect faire dilligences à luy possibles de recouvrer main levée et faire oster tous empeschemens et faire joyr ledit de Proisy de tous lesdictz fruictz, prouffictz, revenuz... » etc. [1]

Il paraît bien que les princes lorrains avaient joui par usurpation des revenus de Guise et du Nouvion, et qu'ils ne s'étaient pas inclinés devant l'arrêt du 1er février 1513. Ce n'est qu'en 1522 que Claude de Lorraine fut formellement débouté de ses prétentions, et Charles de Rohan maintenu dans son droit.

En dépit de tous ces procès, l'obligation du devoir féodal restait entière. Le 24 janvier 1518-1519, Claude de Lorraine obtint encore, un délai d'un an [2]. Enfin, le 20 août 1520, « Claude de Lorraine, conte de Guyse, seigneur du sart de Novyon, de Hérisson, Aubenton, Martigny, Harbonnières, baron de Boves et de Rumigny », fit en personne au roi les foi et hommage de ses terres, entre autres « la seigneurie du sart de Novyon..... », tenue du roi à cause du château de Ribemont [3].

Il était important que le comté de Guise et la seigneurie du Nouvion, pays de frontière, fussent toujours très bien gardés. Cette considération décida François Ier à reprendre l'usufruit dont jouissait Charles de Rohan; celui-ci reçut en compensation l'usufruit de la vicomté d'Orbec en Normandie. L'échange

1. Musée Condé, registre 118 Co. Archives Nationales, P. 2536, ff. 91-97. Matton, t. I, p. 295.
2. Lettres royales du 24 janvier 1519, enregistrées à la Chambre des Comptes le 12 février. (Musée Condé, D. 105).
3. Lettres royales données à Saint-Germain-en-Laye le 20 août 1520, enregistrées à la prévôté de Vitry, le 4 juillet 1522 (Musée Condé, D. 107).

fut consacré par lettres patentes données à Saint-Germain-en-Laye le 8 janvier 1526-1527, enregistrées le 29 mars suivant au Parlement de Rouen, et le 13 mai à la Chambre des Comptes à Paris [1].

François Ier n'avait pas l'intention de mettre à la charge du trésor royal la garde des château, ville, comté de Guise et seigneurie du Nouvion. Le nu-propriétaire, riche seigneur et vaillant homme de guerre, était tout désigné pour assumer cette mission. Il convient de citer les termes dont se servit le roi dans les lettres patentes données à Saint-Germain-en-Laye le 25 janvier 1526-1527 : « Nous, voulans gratiffier dudit usuffruict nostre très cher et très amé cousin Claude de Lorraine, conte et seigneur propriétaire d'icellui conté de Guise, tant pour la grande, parfaicte et entière confiance que nous avons de sa personne, et aussi que nous savons qu'il aura l'oueil et regard, comme chose qui touche et appartient à luy et à ses successeurs, de bien garder, deffendre et conserver lesd. ville et chastel de Guyse....., donnons, ceddons, quictons, transportons et délaissons ledit usuffruit du conté de Guyse, seigneuries de Novyon et Hérisson, à icelluy nostre dit cousin, pour icelluy avoir, prandre et parcevoir, et en joyr et user par luy, ses hoirs, successeurs et ayans cause, sans aucune chose en réserver ne retenir pour nous....., lequel usuffruict, en tant que besoing seroit, nous avons consolidé et consolidons à la propriété appartenant à nostre dit cousin de Lorraine... ». Ces lettres furent lues et enregistrées à la Chambre des Comptes le 5 juin 1527. [2]

1. Musée Condé, registre 118 C°. Archives Nationales, P. 2356, ff. 83-91. Dupuy, p. 538.

2. Musée Condé, registre 118 C°. Dupuy, P. 538.— D'après le registre P. 2356 des Archives Nationales, ff. 97-99, il y aurait eu, à propos de cet acte, des lettres de jussion du 29 juin 1527. L'enregistrement aurait eu lieu le 13 juillet à la Chambre des Comptes, et le 15 au parlement de Paris.

Avant de prendre possession, Claude de Lorraine eut soin de se faire délivrer par la Chambre des Comptes une expédition, duement certifiée, des principales pièces que nous venons de citer. Cette expédition lui fut remise en un grand cahier de quatorze feuillets de vélin, le 15 juillet 1527. [1]

1. Musée Condé, registre 118 Ca. Ce registre comprend: 1° la requête de Claude de Lorraine; 2° les lettres d'échange de l'usufruit de Guise et du Nouvion, 8 janvier 1526 [1527 n. s.]; 3° le bail de cet usufruit à Louis de Proisy, 18 septembre 1518; 4° les lettres de don à Claude de Lorraine, 26 janvier 1526 [1527 n. s.].

V

Nous arrivons à une date capitale dans l'histoire de la seigneurie du Nouvion, celle de son incorporation au nouveau duché de Guise en 1528.

Par lettres données à Saint-Germain-en-Laye au mois de janvier 1527-28, François Ier érigea le comté de Guise en duché-pairie, en faveur de Claude de Lorraine comte de Guise et d'Aumale, lieutenant-général et gouverneur de Champagne et de Brie. Voici le passage de l'acte où le Nouvion est mentionné... « Et à ce que ladite terre et seigneurie puisse mieux estre et durer esdits nom et dignité de duché, Nous à icelui, du consentement de notredit cousin, avons uni et incorporé, et par des présentes unissons et incorporons les baronnies, terres et seigneuries d'Aubenton, Rumigny, Martigny, Watephalle, Any, Coudry, Hérisson, Novion, dépendances, appartenances d'iceux prochaines et contigues dudit comté et terres dépendantes d'icelui, aux honneurs, privilèges. prérogatives, libertez, franchises, exemptions et préhéminences appartenans à duché, sous une seule foy et hommage de nous et de notre cour de parlement. [1]

1. Enregistré à la Chancellerie de France: Archives Nat., Trésor des Chartes, JJ. 241, n° 45, f. 41. — Enregistré au Parlement de Paris, sauf réserve, le 12 août 1528 ; Archives Nat., X 1a 8612, f. 109. — Enregistré à la Chambre des Comptes de Paris le 5 septembre 1528 ; Archives Nat., P. 2305, p. 175 ; P. 2536, f. 163 v° ; AD IX, 122, n° 18. — Publié par le P. Anselme, *Hist. généal. de la maison de France*, t. III, p. 479. — L'enregistrement des lettres-patentes au bailliage de Vermandois eut lieu le 30 octobre 1528, et à Ribemont le 16 juillet 1529 (P. Anselme, t. III, p. 481).

Ce duché-pairie était le premier créé pour un prince étranger au sang de France, comme Montmorency fut la première pairie érigée en faveur d'un seigneur français qui ne fût ni prince du sang, ni prince étranger. D'après l'abbé Pécheur [1], la volonté royale aurait trouvé une forte opposition dans le Parlement, et il n'aurait pas fallu moins de huit lettres de jussion pour lui faire enregistrer les lettres d'érection. Dupuy écrit que les lettres furent vérifiées au parlement sans aucune opposition [2].

Un des premiers actes du duc de Guise fut de doter (de Guise, le 19 juillet 1529) son duché « d'ordonnances et institutions sur le faict publique, régime et gouvernement du duché de Guise, terres et seigneuries d'icelluy. » [3]

Mentionnons encore un accord passé à Bar, le 27 octobre 1530, entre Antoine, duc de Lorraine, et Claude, duc de Guise, pour le partage définitif des biens de leur père; nous y relevons le passage suivant : ... « Et nous, Claude, aurons, emporterons, et nous demeureront les duché de Guise... » [4]

Nous n'avons pu retrouver les foi et hommage que le duc de Guise dut présenter pour raison de ces terres en 1547, à l'avènement du roi Henri II.

Il existe, à la date du 3 mars 1549-50, un « Partage faict par Monseigneur Claude de Lorraine, premier duc de Guise, et Madame Anthoinette de Bourbon, son espouse, et Messeigneurs leurs enfans ». Nous y relevons les passages suivants, qui intéressent le duché de Guise : « ... que en traictant le mariage de luy (François) [5] et de Madame la duchesse d'Aumalle, sa compaigne et espouze, ledict seigneur, duc de Guise son père, luy auoit donné led. duché de Guise, appartenances et deppendances d'icelluy, retenu à luy l'usuffruict sa

1. *Histoire de la ville de Guise*, Vervins, 1851, t. I, p. 388.
2. p. 588.
3. Musée Condé, D. 105.
4. Bibl. Nat., ms. fr. 8182, f. 6, et Fonds Dupuy, vol. 431.
5. François de Lorraine, fils aîné de Claude.

vie durant tant seulement, duquel duché il aurait esté saisi et investi, et s'en seroit led. Sr son père devestu et desaisi par procureur spéciallement fondé pour et à son prouffict, et faict pour raison desd. saisine et desaysine ce que requis estoit par la coustume de la prévoste de Ribemont, en laquelle est situé ledict duché de Guise. Et oultre auroit led. seigneur de Guise, traictant led. mariage, dict et déclairé led. Sr duc d'Aumalle son filz aisné et principal héritier pour luy succéder en ses biens, selon la coustume des lieux où ilz sont situés et assis; et encores voulu et accordé lesd. Sr et dame de Guise, en faveur dud. mariage, que si led. sieur duc d'Aumalle les précéderoit délaissant aucuns enfans, que lesd. enfans représentassent led. seigneur duc d'Aumalle leur père en leurs dictes successions quant elles seroient escheues, comme plus à plain est contenu par led. contract de mariage de ce fait et passé le vingt huitiesme jour du mois de septembre mil cinq cens quarante huict..... C'est assauoir que aud. seigneur François de Lorraine, filz aisné, sera, compectera et appartiendra par tous droictz qu'il pourroit prendre esd. successions paternelle et maternelle et icelles escheues, le duché de Guise, appartenances et deppendances d'icelluy, en icelles appartenances comprinses les baronnies, terres et seigneuries d'Aubention, Martigny, Novion, Rumigny, Wattefalle et Anyes... »

François de Lorraine ratifia ce partage, à Fontainebleau, le 8 mars 1549-50. [1]

Claude de Lorraine étant mort à Joinville le 12 avril 1550, son fils ainé, François de LORRAINE, lui succéda comme duc de Guise et seigneur du Nouvion. Il fut reçu duc et pair au Parlement le jeudi matin 12 novembre 1551 :

1. Bibl. Nat.. ms. fr. 8182, ff. 14-21. Publié par G. de Pimodan, *La Mère des Guises,* Paris, 1889, pp. 425-432. Le ms. fr. 8182 de la Bibl. Nat. renferme (ff. 110 à 122) le contrat de mariage de « Monseigneur François de Lorraine, lors duc d'Aumale, et Madame Anne d'Est, fille aisnée de Monseigneur le duc de Ferrare» ; Saint-Germain-en-Laye, mardi 4 juin 1549.

« Ce jourd'huy, le Roy séant en sa court à huiz clos, les ducz de Guize et Montmorency, pers de France, estans au siège des baillys, ont faict le serment que les pers ont accoustumé faire en ladicte court, sçavoir est, ledict duc de Guyse pour raison de la perrye de Guyse, et ledit duc de Montmorency, connestable de France, pour raison de celle de Montmorency; après sont montez aux haultz sièges ». [1]

Nous n'avons pu retrouver les actes de foi et hommage rendus par le duc de Guise pour raison de ses terres en 1559 et 1560, à l'avènement des rois François II et Charles IX.

Le 24 février 1562-63, au camp près d'Orléans, François de Lorraine fit son testament, où nous relevons le passage suivant: «...Veult aussi ledict seigneur testateur que ladicte dame, sa femme, ...jouisse, durant sa dicte viduité, de la part et portion appartenant à ses enfans, dont elle pourra faire telle part à son fils aisné, quand il sera marié, que bon luy semblera, voullant et entendant qu'elle ayt durant sa viduité la tutelle, gouvernement, bail et administration des personnes et biens de ses dictz enfans, Henry, Charles, Loys, François, Maximilien et Catherine, jusques à ce qu'ilz soient parvenuz en l'aage de majorité ou qu'ilz soient pourveuz par mariage..... Et oultre veult et ordonne que ladicte dame face les partages de ses dicts enfants quand besoing sera et selon qu'elle verra estre raisonnable... » [2]. Le duc de Guise mourut le même jour, quelques heures après la rédaction de ce testament.

Henri de LORRAINE, fils ainé de François, devint seigneur du Nouvion à la mort de son père. Le lundi 17 mai 1563, le nouveau duc de Guise fit serment de duc et pair au Parlement. [3]

Par lettres données au Bois de Vincennes le 6 juin 1563, Charles IX accorda délai et souffrance aux enfants mineurs

1. Archives Nationales, X 1a 1571, f. 4.
2. Bibl. Nat., ms. fr. 3176, f. 82, et 8182, f. 148. Publié par René de Bouillé, *Histoire des Ducs de Guise*, Paris 1849, t. II, pp. 581-584.
3. Archives Nationales, U. 904, mention.

de François de Lorraine, duc de Guise, pour faire la foi et hommage et donner les aveux et dénombrements du duché, jusqu'à ce qu'ils eussent atteint l'âge requis. Ces lettres furent enregistrées le 30 à la Chambre des Comptes. [1] Les enfants eurent pour tuteurs la duchesse de Guise et les cardinaux de Lorraine et de Guise, à ce nommés par lettres patentes en date du 25 septembre 1563. [2]

Les archives du duché de Guise mentionnent des comptes du duché présentés en 1563 à Anne d'Est, tutrice du duc de Guise. Dans un acte que cette dame passe à Marchais le 6 avril 1564, elle est ainsi désignée : « Anne d'Est, duchesse de Guise, tutrice et curatrice des enfans mineurs de nous et de feu nostre très cher seigneur et époux Monsieur le duc de Guise. » [3]

Des lettres patentes de « dispense d'aage pour Monseigneur Henry de Lorraine, duc de Guise » [« quoyqu'il n'ayt que vingt ans »] furent vérifiées à la cour de parlement le 14 octobre 1568. [4]

Le 26 septembre 1574, Henri III, alors à Lyon, accorda au duc de Guise un délai d'un an pour rendre l'aveu et dénombrement dû au roi à cause du duché de Guise, tenu et mouvant de la grosse tour du Louvre ; les lettres royales furent enregistrées à la Chambre des Comptes le 22 novembre. [5]

On trouve deux actes, des 18 décembre 1575 et 24 juillet 1584, sur « les partages, ratiffications et contre lettres passées entre Messeigneurs les ducs de Guise et de Mayenne des biens terres et seigneuries de leur maison. ». C'est le règlement définitif de la succession du duc François de Guise. A relever ce passage : « C'est assavoir que aud. seigneur duc

1. Musée Condé, D. 107.
2. Musée Condé, reg. 118 C14, f. 102 v°.
3. Musée Condé, D., n° 1459. Il est probable que le duc Henri de Guise ne commença à gérer le duché de Guise qu'en 1570, époque de son mariage.
4. Musée Condé, reg. 118 C14, f. 102. Archives Nat., U. 550, f. 106, mention qui donne la date du 13 octobre.
5. Musée Condé, D. 107, originaux.

de Guise, sera, compectera et appartiendra en propriété pour son partage des dits biens led. duché de Guise, baronnies de Rumigny, Aubenton, chastellenie de Hérisson, et généralement toutes les appartenances et dependances dud. duché. »[1]

Henri de Lorraine étant mort assassiné le 23 décembre 1588, son fils aîné, Charles de LORRAINE, lui succéda au duché de Guise. [2]

Le 13 mai 1593, Henri IV délivre des lettres qui reçoivent le duc de Guise à administrer ses biens « comme s'il estoit majeur, sauf qu'il ne pourra vendre ou hypotéquer ses immeubles devant sa majorité. » [3]

D'autres lettres royales, données à Paris le 23 octobre 1599, portent que, ce même jour, le duc de Guise, pair de France, gouverneur et lieutenant-général en Provence, a fait foi et hommage du duché de Guise, relevant du château de Ribemont, entre les mains du chancelier de France. [4]

Le mercredi 12 janvier 1600, Charles de Lorraine prêta serment au parlement de Paris en qualité de duc de Guise. [5]

Par lettres données à Paris le 7 janvier 1602, Henri IV accorda au duc un délai de dix-huit et mois et plus pour rendre l'aveu et dénombrement du duché. Citons les considérants énoncés dans ce document : « Nostre très cher neveu le duc de Guise, gouverneur et nostre lieutenant général en Provence, nous a faict dire et remonstrer que, si tost qu'il nous eut faict les foy et hommage pour raison de son duché

1. Bibl. Nat., ms. fr. 8182, f. 163; Musée Condé, reg. 118 C 14, f. 81 (mention). Bouillé publie, t. III, pp. 499-500, le partage de 1575, avec cette addition: «Ce partage avait été pourparlé, advisé et résolu entre les frères dès l'année 1573, mais fut faict et passé le 18 décembre 1575.»

2. Melleville, *Dictionnaire historique.... du département de l'Aisne*, Laon, 1857-1858, t. II, pp. 81-82, écrit en parlant des seigneurs du Nouvion-en-Thiérache: « Le domaine du Nouvion, rentré ainsi dans les mains des seigneurs de Guise, y resta jusqu'à la fin du XVIe siècle, puis passa dans la maison Le Danois.... Vers 1590, Philibert Le Danois, seigneur de Rocquigny (v. ce mot) et Ronchères ». C'est une erreur; il s'agit de Nouvion-le-Comte, dont les Le Danois furent seigneurs.

3. Archives Nationales, U. 550, f. 115, mention.

4. Musée Condé, D. 107, original.

5. Archives Nationales, X 1a, 1766, f. 305 v°.

de Guise, il feit rechercher curieusement, comme il fait encor, les derniers adveuz et desnombremens fournis par ses prédécesseurs ducs de Guise, qui se trouvent à présent adirez, et mesmes il a faict appeler ses vassaux pour venir reprendre de luy, afin de pouvoir, comme il est obligé, nous fournir de nouveau les dits adveuz et desnombremens completz et entiers, et en la forme qu'il est tenu, sous aucun manquement. Mais à cause des guerres passées, pertes et bruslemens arrivez durand lesd. guerres aud. duché de Guise, frontière des Païs Bas, il y a beaucoup de terres et héritages sans possesseurs apparens, et d'autres qui ont perdu et adiré leurs tiltres, ayant mesme nostre dit neveu esté contrainct de donner délay à ses vassaux de deux ans, et plus à aucuns, pour venir reprendre de luy, afin d'avoir loisir de faire recherche de leurs dits tiltres et enseignemens, nous suppliant très humblement à cette occasion, veu mesmes qu'il n'y a point de sa faulte, de luy donner bon et ample délay pour fournir led. adveu et dénombrement de son dit duché de Guise, à ce qu'il s'en puisse fidellement acquitter. A cette cause..... » [1]

Un nouveau délai d'un an fut accordé au duc de Guise par lettres données à Paris le 27 novembre 1603 et enregistrées à la Chambre des Comptes le 13 décembre suivant [2]; ce fut le dernier. L'aveu et dénombrement du duché de Guise fut enfin présenté le 11 janvier 1605. [3]

Dans l'acte de fondation des Minimes de Guise, en date du 10 août 1610 [4], le seigneur du Nouvion est ainsi qualifié : « Charles de Lorraine, duc de Guise, prince de Joinville, pair de France, lieutenant-général pour le Roy en Provence, amiral des mers du Levant ».

1. Musée Condé, D. 107.
2. Musée Condé, D. 107.
3. Musée Condé, registre 107 D 31.
4. Archives Nationales, S. 4299. Nous n'avons pu retrouver les actes de foi et hommage qui durent être faits à l'avénement de Louis XIII en 1610.

VI

Charles de Lorraine mourut à Cuna, en Italie, le 30 septembre 1640. L'année précédente, il avait perdu son fils aîné, François, prince de Joinville. Le second fils, HENRI DE LORRAINE, qui avait été destiné à l'Église et se trouvait déjà pourvu, malgré son jeune âge et sans avoir reçu les ordres, de l'archevêché de Reims, lui succéda dans tous ses biens et dignités, et devint duc de Guise et seigneur du Nouvion. Aussi renonça-t-il bientôt à l'Église.

Le 15 décembre 1640, à Torcy, fut « présent en sa personne très hault, puissant et très illustre prince Monseigneur Henry de Lorraine, archevesque duc de Rheims et de Guise, prince de Joinville, Comte d'Eu, premier pair de France, fils aîné et principal héritier par bénéfice d'inventaire de deffunct très hault, puissant et très illustre prince Monseigneur Charles de Lorraine, duc de Guise, prince de Joinville, comte d'Eu, pair de France ». Henri de Lorraine donne procuraticn à « Alexandre de la Croix, son procureur général et fiscal en sondit duché de Guise », pour le représenter auprès des officiers du bailliage au siège de Ribemont pour faire les foi et hommage requis pour le duché de Guise, prêter serment de fidélité, fournir aveu et dénombrement.

Muni de cette procuration, « maistre Alexandre de la Croix » se présente le jeudi 20 décembre 1640, à dix heures du matin, aux officiers du bailliage de Vermandois au siège de Ribemont, qui font enregistrer la procuration. Le samedi 26 janvier 1641, il se rend de nouveau à Ribemont pour faire les foi et hommage et prêter serment de fidélité au roi ; il est requis de bailler dénombrement du duché de Guise dans quarante jours, « au désir de la coustume ». Enfin, le mercredi 13 mars 1641, les officiers du siège de Ribemont rendent une sentence portant délai de neuf mois accordé à Henri de Lorraine pour fournir l'aveu et dénombrement du duché de Guise. [1]

Nous ne rappellerons pas ici les causes de l'arrêt de mort prononcé par contumace contre le duc de Guise le 6 septembre 1641, arrêt exécuté le 11 du même mois. Le texte de la condamnation contient ce curieux passage : « ... l'a déclaré vray contumax, atteint et convaincu de rébellion, et criminel de lèze Majesté, et pour réparation l'a privé et prive de tous honneurs, estats, offices et dignitez..... Ordonné que tous ses biens féodeaux, tenus immédiatement de la Couronne, seront réunis et appropriez au domaine d'icelle, et a déclaré et déclare tous et chacuns ses autres biens, tant meubles que immeubles, acquis et confisquez au Roy..... » [2]

En conséquence, Louis XIII adressa, de Péronne, le 12 septembre 1641, des lettres à Louis Le Maistre de Beljamme, intendant de Picardie, en vue de l'exécution de l'arrêt. Le 26 du même mois, l'intendant chargea Philippe de la Fons, lieutenant civil au bailliage de Vermandois et siège royal de Saint-Quentin, de s'emparer du duché de Guise au nom du roi.

De la Fons vint à Guise le vendredi 4 octobre 1641 avec Jean Dey, procureur du roi, Claude Sagnier, lieutenant criminel, François Voisin, greffier, Charles Graux et Jean Behon,

1. Musée Condé, D. 107.
2. L'arrêt est imprimé dans les *Mémoires de Monsieur de Montrésor*, Leyde, 1655, pp. 337-343.

archers. Il se présenta vers dix heures au château de Guise, s'en fit ouvrir les portes, et assembla dans une des salles Michel Delettre, bailli ducal, Alexandre de la Croix, procureur fiscal, François Monessier, seigneur de La Motte, Joachim de Quincé, gouverneur, Félix Sanson, seigneur de Millon, lieutenant du gouvernement, Jean-Baptiste Delalain, maire, et d'autres personnes, il leur signifia la réunion du duché de Guise au domaine royal pour cause de la félonie du duc. Il remit la citadelle au comte de Quincé, puis convoqua une autre assemblée à l'Hôtel-de-Ville, où il invita les officiers de justice à se pourvoir de nouvelles provisions. Les lettres patentes du roi unissant le duché de Guise au domaine de la Couronne furent affichées à la porte de l'auditoire, à celle de l'église paroissiale, et à un poteau sur la place publique. [1]

Louis XIII assura bientôt à Henriette-Catherine de Joyeuse, duchesse douairière de Guise, la possession des biens de son fils rebelle, à l'exception de la maison et du château de Guise, sous l'expresse condition de n'en disposer qu'en faveur d'un de ses enfants mâles, à l'exclusion de l'aîné et de ses descendants. La douairière avait fait prévaloir la considération que ses autres enfants ne pouvaient être victimes de la félonie de l'aîné; le roi fit droit à sa réclamation, dans l'espoir qu'ils seraient affectueux et fidèles à l'État. Les lettres patentes furent délivrées à Fontainebleau en février 1642, et enregistrées au Parlement le 10 mars suivant. Relevons le passage suivant : « ...Voulons en oultre et entendons que tous les tiltres du duché pairie et principaulté des terres de Guise, Joinville et Eu demeurent dès à present esteinctz et supprimez, comme de faict par ces présentes nous les esteignons et supprimons, nous réservant, selon les services qui nous serons rendus par ceulx qui les posséderont cy après, de les honnorer

1. Matton, tome II, pp. 1-2; Musée Condé, D., n° 4310.

des mêmes dignitez que ceulx de la maison de Guise avoient méritté par leurs services ». [1]

Un arrêt de la Chambre des Comptes, rendu le 20 octobre 1642 à la requête d'Henriette-Catherine de Joyeuse, lui accorda, tant en son nom que comme tutrice des enfants mineurs du feu duc Charles de Guise, un délai d'un an, « attendu son absence notoire », pour faire les foi et hommage et fournir les aveux et dénombrements de ses terres, dont le duché de Guise. Le mardi 4 novembre suivant, le procureur royal se transporta de Guise à Ribemont pour faire enregistrer cet acte au bailliage. Il avait emmené avec lui « Jacques Nicolas et Nicolas Nicolas, soldatz de la garnison de Guise », qui signèrent comme témoins. [2]

Après la mort de Louis XIII, au mois d'août 1643 des lettres d'abolition furent délivrées au nom du nouveau roi à Henri de Lorraine, le remettant et rétablissant « en la jouissance de tous ses biens, tout ainsi qu'il eust fait et eust peu faire auparavant toutes les procédures et condamnations, et comme si rien ne fust advenu, nonobstant toutes procédures, arrest de nostre cour de Parlement, mesmes nonobstant la déclaration du mois de février 1642 portant don des biens confisquez à nostre cousine la duchesse de Guise avec suppression des tiltres des duchez, pairies, principautez et autres réserves et réunions y contenues ; pour toutes lesquelles choses nous ne voulons nuire ny préjudicier à nostredit cousin. Déclarons que nostre volonté et intention est que, sans avoir esgard ausdites suppressions, que nous avons révoquées et révoquons comme non advenues, il jouisse, ses hoirs et successeurs, desdites terres avec les mesmes titres de duché et pairie de Guise, du conté d'Eu et principauté de Joinville, rangs, séances, dignitez et autres prérogatives et preéminences appartenans à icelles, tout ainsi et en la mesme forme et

1. Matton, tome II, pp. 2-3. Archives Nationales, X 1a 8654, ff. 310-311.
2. Musée Condé, D. 107.

manière que nostre très cher et bien amé cousin le Duc de Guise, son père, et ses predecesseurs, en ont jouy, sans qu'ils puissent estre troublez ny empeschez, ores ny à l'avenir, en quelque sorte et manière que ce soit ». [1]

Henri de Lorraine fut aussitôt reçu duc et pair au Parlement, ainsi qu'il appert par l'extrait suivant des registres du Conseil secret :

« Du lundy 7e septembre 1643. Conseil secret. Les trois chambres assemblées, requeste présentée par Henry de Lorraine, duc de Guise, prince de Joinville, comte d'Eu, pair de France, pour estre receu duc de Guise et comte d'Eu, qui sont deux pairies, et.....information et érection du comté d'Eu en pairie du mois d'aoust 1458, registrées le 18 décembre audit an, Guise en duché pairie du mois de Janvier 1527, registrées le 12 aoust 1528; ordonne que ledit Henry de Lorraine sera receu esdites qualités et dignités de duc de Guise, comte d'Eu et pair de France, en faisant par luy le serment en tel cas requis et accoustumé; et, à l'instant mandé, après qu'il a fait ledit serment, y a esté receu et a eu rang et seance en ladite cour ». [2]

Dans un acte concernant le duché de Guise, du 2 novembre 1661, le seigneur du Nouvion est qualifié de : « Très haut et puissant prince Monseigneur Henry de Lorraine, duc de Guise, prince de Joinville, sénéchal héréditaire de Champagne, pair de France ». [3]

Le duc de Guise mourut à Paris, le 2 juin 1664, sans postérité et sans laisser de testament.

Les papiers de la succession d'Henri de Lorraine, duc de Guise, établissent que le duché de Guise (y compris le traité

1. *Mémoires de Monsieur de Montrésor*, Leyde, 1665, t. II, pp. 383-384. Bibl. Nat., ms. fr. 18431, ff. 537-538; ce recueil contient différents brouillons de ces mêmes lettres patentes, qui furent enregistrées au Parlement le 4 septembre 1643.

2. Archives Nationales, U. 904. La justice ne fut rendue à Guise en son nom que le 2 octobre suivant (Matton, t. II, p. 5.)

3. Musée Condé, D. n° 3267.

passé avec le sieur Cousin, pour l'exploitation des bois) produisait 74.750 livres par an. Et en un « Mémoire des revenus et des fonds des biens de la succession de Messire Henry de Lorraine, duc de Guise, décédé en 1664 », on lit : « Le Duché de Guise avec les baronnies de Lambesq et Orgon en Provence vallent de revenu pour chacun an cent mille livres », soit, au denier trente, une valeur totale de trois millions de livres. [1]

Le duché de Guise passa, en 1664, à Louis-Joseph de LORRAINE, duc de Guise; il était neveu du duc Henri de Guise et fils de Louis de Lorraine, duc de Joyeuse.

Marie de Lorraine, plus connue sous le nom de Mademoiselle de Guise, sœur du duc Henri et tante de Louis-Joseph, fut la tutrice honoraire de ce dernier, et on peut affirmer que ce fut elle qui géra le duché de Guise de 1664 à 1688.

La Chambre des Comptes enregistra, le 10 juin 1666, un délai accordé au nouveau duc de Guise, à la requête de Marie de Lorraine, pour faire les foi et hommage du duché de Guise, jusqu'à ce qu'il eut atteint l'âge requis par la coutume (il n'avait alors que quinze ans et neuf mois). [2]

A relever les titres suivants dans un acte concernant le duché de Guise : « Damoiselle Marie de Lorraine de Guise, tant en son nom que comme tutrice honoraire de Messire Joseph-Louis de Lorraine, duc de Guise, de Joyeuse et d'Angoulesme, prince de Joinville, comte de Ponthieu, tous deux héritiers par bénéfice d'inventaire de Messire Henry de Loraine, duc de Guise, pair de France, leur frère et oncle. » [3]

Louis-Joseph de Lorraine étant mort le 30 juillet 1671, âgé de vingt-et-un ans, le duché de Guise échut à son fils unique, François-Joseph de LORRAINE.

1. Bibl. Nat., fonds Clairambault, ms., vol. 1204, ff. 184 et 221.
2. Musée Condé, D 107, original.
3. Musée Condé, D. n° 3814, sans date.

Le 31 août 1672, à Saint-Germain-en-Laye, Louis XIV accorda des lettres de souffrance à son « très-cher cousin de Lorraine non encore nommé [1], duc d'Alençon, de Guise, de Joyeuse, prince de Joinville, baron de Lambesc, seigneur d'Orgon et autres lieux », pour les foi et hommage de ses terres jusqu'à l'âge requis par la coutume. Lesdites lettres furent enregistrées à la Chambre des Comptes le 22 août 1673 [2]. François-Joseph mourut à Paris le 16 mars 1675, âgé de moins de cinq ans.

Le duché de Guise échut à Marie de LORRAINE, grand'-tante de François-Joseph. Cette dame du Nouvion portait les titres officiels suivants : « Très haulte, très puissante et très illustre princesse Son Altesse Mademoiselle Marie de Lorraine, Duchesse de Guise et de Joyeuse, paire de France, princesse de Joinville, sénéchalle héréditaire de la province de Champagne. » [3]

Louis XIV donna, le 2 juillet 1675, à Paris, des lettres constatant que Marie de Lorraine a, le jour même, fait en personne les foi et hommage entre les mains du chancelier de France pour raison du duché de Guise, « dont moitié luy estoit eschue par le décès de nostre tres cher cousin Henry de Lorraine, duc de Guise, son frère, et l'autre à elle advenue par la mort de nostre très-cher cousin François-Joseph de Lorraine, duc d'Alençon, son petit-neveu ». Ces lettres furent enregistrées à la Chambre des Comptes le 6 mai 1676. [4]

Pour mémoire nous devons mentionner ici un soi-disant projet de vente ou de donation du duché de Guise par Mademoiselle de Guise. Ce projet, qui n'eut aucune suite, avait été formé par la princesse d'Harcourt (Françoise de Brancas), qui avait épousé en 1667 Alphonse-Henri Charles de Lorraine

1. C'est-à-dire non baptisé et n'ayant pas reçu de prénoms.
2. Musée Condé, D. 107. La date du 1er août 1672 figure sur D. n° 4090.
3. Musée Condé, D. n° 1673.
4. Musée Condé, D. 107.

prince d'Harcourt. dont l'arrière grand-père, René de Lorraine, marquis d'Elbeuf, était fils de Claude de Lorraine, premier duc de Guise. Le curieux passage suivant mentionne cette affaire :

« Elle (la princesse d'Harcourt) avoit trouvé le secret par le moyen d'un de ses amis de porter Mademoiselle de Guise à donner à son mari la duché de Guise et l'hôtel de Guise, qui ne valent pas moins de trois millions. Il en avoit coûté quelques complaisances au prince d'Harcourt, et il avoit été obligé de faire sa cour à sa bienfaitrice ; mais comme il n'a pas l'esprit si souple que sa femme, et qu'il est ennemi de toute contrainte, il en revint à son caractère tout aussitôt qu'il crut la chose faite. Mademoiselle de Guise s'en plaignit à l'entremetteur, et celui-ci n'ayant pu porter ce prince à lui continuer toujours les visites, elle révoqua sa donation. Ce fut un coup de foudre pour sa femme, qui avoit épuisé là tout son savoir-faire. ». [1]

Mademoiselle de Montpensier parle aussi de ce projet, qui, d'après ses Mémoires, se rapporterait à l'année 1682 : « Elle (la princesse d'Harcourt) était un soir chez madame de Montespan comme j'y fus, pour y attraper à souper ; elle nous dit : Vous ne me demandez point des nouvelles de mon affaire avec Mademoiselle de Guise, qui fait tant de bruit ?—Madame de Montespan dit : C'est que je crois que c'est une fable ; car, quoi ! vous ! acheter le duché de Guise ! Vous êtes gueuse, et vous en faites profession. — Pour moi, dis-je, je ne m'informe point des affaires de ma tante (Mademoiselle de Guise) ; je la respecte trop pour trouver à dire à rien qu'elle fasse ; même je ne m'en veux pas informer ; et puis je n'y ai nul intérêt.— Elle commença : Mademoiselle de Guise ne voulant pas que la principale terre de sa maison et dont ses ancêtres, qui étoient de si grands personnages, portoient le nom, tombe en des mains étrangères, a voulu choisir le plus digne sujet de

1. *Les annales de la Cour et de Paris, pour les années 1697 et 1698*; Cologne, 1701, tome II, pp. 301-307.

sa maison, et celui en qui les créanciers ont plus d'assurance pour leurs dettes et par la probité dont on agira avec eux. — Madame de Montespan lui dit : Quel conte! Tout le monde connoit M. votre mari; on sait votre peu d'argent, et on ne sauroit croire qu'on se fie plus à vous qu'à d'autres. Je vous demande pardon si je vous parle ainsi; mais on se moquera de vous si vous faites ce conte à d'autres gens. — Pour moi, je ne disois mot. Madame de Montespan lui rabattit fort bien sa vanité sur leur mérite, leur probité et leur argent comptant; car assurément ce sont les derniers de la maison de Lorraine. » [1]

Marie de Lorraine mourut à Paris, le 3 mars 1688, sans avoir été mariée. Elle avait fait donation de tous ses biens à Charles de Stainville, comte de Couvonge, le 1er février 1686. [2] Le même jour, par acte séparé, fait sous seing-privé, Mademoiselle de Guise et le comte de Couvonge conviennent que lesdits biens seront substitués aux puînés mâles du duc Charles de Lorraine [3] et à leurs descendants mâles, à la charge par eux de porter le titre de duc de Guise. C'était un moyen de déshériter ses héritiers naturels, ce qu'elle ne pouvait faire par testament. Ces actes, tenus secrets de son vivant, furent déposés quelques heures après sa mort chez le notaire Desnots.

La veille de sa mort (2 mars 1688), Marie de Lorraine avait rédigé son testament. Il n'y a pas un mot pour le duché de Guise. La princesse ne désigne pas ses héritiers et ne lègue pas ses domaines donnés par acte de 1686 comme le rappelle cette phrase : «..... Après que toutes lesdites charges et condi-

1. *Mémoires de Mademoiselle de Montpensier*, éd. Chéruel Paris, 1902, tome IV, p. 489.
2. Archives nationales, R¹, 1060.
3. Charles V (Léopold-Nicolas-Sixte), duc de Lorraine (1675-1690), né à Vienne (Autriche) le 3 avril 1643, mort à Wels, près Lintz, le 18 avril 1690, second fils de François-Nicolas de Lorraine et de Claude de Lorraine, neveu de Charles IV. Il épousa, le 6 février 1678, l'archiduchesse Eléonore-Marie, fille de Ferdinand III et sœur de l'Empereur Léopold, veuve du roi de Pologne Michel Wiesnowski; il en eut six enfants.

tions seront accomplies, ceux à qui j'ay donné mes biens entreront en possession et jouissance d'iceux, ne voulant pas qu'aucun d'eux y entre auparavant, à l'exception toutesfois de celuy des enfans de M. le duc de Lorraine qui portera le nom de Guise, à qui je donne une pension de douze mille livres de rente pour son entretien jusqu'à ce qu'il entre en jouissance des biens que je lui ay léguez par donations entre vifs..... A l'égard des pensions viagères, elles seront acquittées par celuy qui sera duc de Guise. »[1]

1. Archives Nationales, R_4 1060, et Y^{60}, f. 263.

VII

Le duché de Guise échut à ANNE DE BAVIÈRE, femme d'Henri-Jules de Bourbon, fils du Grand Condé, et à sa sœur, BÉNÉDICTE-HENRIETTE-PHILIPPE DE BAVIÈRE, duchesse de Brunswick, qui pouvaient revendiquer l'héritage du chef de leur aïeule maternelle Catherine de Lorraine, petite-fille de François, duc de Guise [1], comme on peut le voir par le tableau suivant :

Claude de Lorraine, duc de Guise († 1550)

François de Lorraine, duc de Guise († 1563)

Charles de Lorraine, duc de Mayenne († 1611)

Catherine de Lorraine († 1618)
épouse Charles de Gonzague, duc de Nevers

Anne de Gonzague († 1684)
ép. Edouard, comte Palatin, duc de Bavière

Anne de Bavière — Bénédicte de Bavière

La succession de Mademoiselle de Guise amena d'interminables procès et de nombreuses transactions qui durèrent plus d'un demi-siècle. Il suffit de dire ici qu'Anne de Bavière

1. et non fille, comme l'écrit Matton, tome II, p. 122.

et sa sœur Bénédicte entrèrent en possession du duché de Guise aussitôt après la mort de Marie de Lorraine.

L'arrêt contradictoire du Parlement, du 26 avril 1689, maintint Anne et Bénédicte de Bavière dans la possession du duché de Guise [1]. Une vente de bois fut faite au Nouvion le 10 octobre 1690, par devant François Asselin, « avocat au parlement, conseiller et trésorier de Bénédicte, palatine de Bavière, veuve du duc de Brunswick, de Hanovre et de Lunebourg ». [2]

A relever ce passage d'un acte du 26 février 1692 : «...Plus sont Monsieur le Prince de Condé, Madame la Princesse son épouse, et Madame la Duchesse d'Hanover maintenus et gardez en la propriété et possession et jouissance de la totalité du duché de Guise ». [3]

Nous avons retrouvé une commission de garde-bois en la gruerie du Nouvion délivrée à Jean Picard le 3 août 1695. Voici les titres énoncés : « Le prince de Condé, prince du sang, pair et grand maistre de France, gouverneur et lieutenant-général pour le roi des provinces de Bourgogne et de Bresse..... Nous avons, tant pour nous à cause de Madame Anne, Palatine de Bavières, nostre espouse, que pour Madame Bénédicte, Palatine de Bavière, duchesse douairière de Brunsewik et d'Hanover, héritiers par bénéfice d'inventaire, conjoinctement quant aux biens paternels, de feue Mademoiselle Marie de Lorraine, duchesse de Guise, commis et estably...» [4]

Citons ce passage d'un acte du 19 avril 1701 [5], portant transaction au sujet du partage des biens de la succession de Marie de Lorraine : « Il appartiendra définitivement à titre de partage à Madame la Princesse (de Condé) et Madame la Duchesse de Brunswick 1° le duché de Guise, estimé 1.835.000 livres,

1. Archives Nationales, R4. 1060.
2. Musée Condé, reg. des ventes de bois du duché de Guise.
3. Archives nationales, R4., 1060.
4, Musée Condé, D. n° 4576.
5. Archives Nationales, R4. 1060.

2° le greffe de Ribemont, estimé 15.000 livres, 3° la baronnie de Rumigny, estimée 250.000; ensemble 2.100.000 livres ».

Le duché-pairie de Guise fut rétabli, au mois de juillet 1704, par lettres patentes enregistrées au Parlement le 30 du même mois, en faveur de « nostre très cher et très amé cousin Henry-Jules de Bourbon, prince de Condé, premier prince de notre sang, premier pair et grand-maître de France; et notre très-chère et très amée cousine Anne, Palatine de Bavière, son épouse ...Avons... icelle terre et seigneurie de Guise, avec les terres et seigneuries unies et incorporées à icelle, circonstances et dépendances quelconques, de nouveau créée et érigée, créons et érigeons en titre, qualité, dignité, exemptions, prérogatives et preéminences de duché et pairie de France, avec la continuation du ressort de notre parlement de Paris, tout ainsi que les autres duchez et pairies de France, pour en jouir et user par nosdits cousin et cousine prince et princesse de Condé, et après leur décès par leurs hoirs successeurs mâles et femelles, seigneurs dudit Guise, à toujours, perpétuellement, en titre et qualité de ducs et pairs de France. » — L'acte porte que Henri-Jules de Bourbon a fait les foi et hommage et serment de fidélité requis. [1]

Le mari d'Anne de Bavière, Henri-Jules de Bourbon, mourut le 1er avril 1709 [2]; mais Anne resta dans la libre possession du duché de Guise. Une note rédigée en 1711 par un officier du duché, s'exprime ainsi : « Le duché de Guise appartient à Madame la Princesse. Il produit ordinairement cent mille livres de rente, et il luy a été donné dans le partage des biens de feue Mademoiselle de Guise, fait avec feue Mademoiselle de Montpensier, pour deux millions cent mille livres. »

1. Ces lettres furent imprimées en un cahier de 2 feuillets in-folio, sans date ni indication d'imprimeur. Malgré de minutieuses recherches nous n'avons pu retrouver d'actes de foi et hommage du duché de Guise entre 1675 et 1704.

2. Les Archives Nationales conservent (Y 26, f. 36) une donation d'Henri-Jules de Bourbon. Son testament, du 23 mars 1709, ne contient rien concernant le duché de Guise (Musée Condé, A 13).

Plusieurs historiens ont mis à tort sur la liste des possesseurs du duché de Guise Louis III de Bourbon, nommé d'abord duc de Bourbon, et devenu prince de Condé à la mort de son père Henri-Jules ; mais lui-même mourut moins d'un an après (4 mars 1710), et le duché de Guise appartenait à sa mère, qui lui survécut.

Nous n'avons pu retrouver l'acte de foi et hommage du duché de Guise dû à l'avènement du roi Louis XV en 1715 ; mais les registres du Conseil d'Etat, à la date du 31 juillet 1721, contiennent un arrêt prorogeant jusqu'au 1er janvier 1722 les délais accordés aux vassaux, « pour rendre les foy et hommage deus au Roy à cause de son heureux avènement à la Couronne. » [1]

Dans un acte du 28 septembre 1718, Anne de Bavière est qualifiée de « Son Altesse Sérénissime Madame la Princesse, dame du Nouvion. » [2] Le Musée Condé conserve un extrait, fait en 1722, du « registre cueilleret des droits de censives et seigneuriaux du bourg du Nouvion, appartenant à LL. AA. SS. Mesdames les duchesses de Guize. » [3]

Nous ignorons si Anne de Bavière rédigea un testament. Elle mourut à Paris, le 23 février 1723, dans sa soixante-quinzième année. Louis-Henri, duc de BOURBON, prince de CONDÉ, son petit-fils (il était fils aîné de Louis III de Bourbon), recueillit la part que cette princesse avait dans le duché de Guise.

« Très haut, très puissant et très excellent prince Monseigneur Louis-Henry, duc de Bourbon, prince de Condé, prince du sang, pair et grand maistre de France, gouverneur et lieutenant-général pour le Roy en ses provinces de Bourgogne et Bresse » put acquérir, les 17 et 22 juillet 1726, moyennant deux millions de livres, la part qu'avait dans le

1. Musée Condé, D. n° 4164.
2. Musée Condé, D. n° 3779.
3. Musée Condé, D. n° 3777.

duché de Guise, la baronnie de Rumigny et le greffe des justices de Ribemont, « très haute, très puissante et très excellente princesse Madame Bénédicte, Palatine de Bavière, veuve de très haut, très puissant et très excellent prince Monseigneur Jean-Frédéricq, par la grâce de Dieu, duc de Brunswick et de Lunebourg. » [1]

Par arrêt du Conseil d'Etat daté de Versailles le 6 septembre 1727, le roi permit au duc de Bourbon de rendre les foi et hommage du duché de Guise et des terres unies et incorporées au duché entre les mains du Chancelier par procureur fondé de sa procuration, « pour cette fois seulement et sans tirer à conséquence » [2]. Le 9 septembre, à Chantilly, le prince donna sa procuration pour les foi et hommage, que son procureur fit le 12; le roi les reçut à Paris le 25, et l'enregistrement eut lieu à la Chambre des Comptes le 8 janvier 1728. [3]

Louis-Henri mourut, à l'âge de quarante-huit ans, le 27 janvier 1740. La veille, il rédigea son testament, où on relève le passage suivant : « ..... Déclare S. A. S. mondit seigneur le Duc qu'il substitue à Monseigneur le Prince de Condé son fils pour le Duché de Guise, le Comté de Ribemont et la Baronnie de Rumigny, leurs circonstances et dépendances..... » [4]

Le nouveau possesseur du duché de Guise, Louis-Joseph de Bourbon, Prince de Condé, était né à Chantilly le 9 août 1736. Le Comte de Charolais, son oncle et tuteur honoraire, géra le duché de Guise jusqu'en 1753, époque du mariage de Louis-Joseph avec Charlotte-Godefride-Elisabeth de Rohan-Soubise.

1. Musée Condé, D. 105. La procuration du prince de Condé pour cette acquisition est datée du 19 juin 1726.
2. Archives nationales, P. 23, pièce 2178.
3. Musée Condé, D. 105.
4. Musée Condé, registre du Conseil de son Altesse Sérénissime Monseigneur le Prince de Condé pour 1740, f. 5ro.

Un arrêt du Parlement, du 21 août 1751, mentionne : « S. A. S. Monseigneur le Prince de Condé, prince du sang, duc de Guise et seigneur du Nouvion. »[1]

Dans un règlement général pour l'administration des bois du duché de Guise, en date du 3 juin 1773, le seigneur du Nouvion est ainsi qualifié : « Louis-Joseph de Bourbon, prince de Condé, prince du sang, pair et grand-maître de France, gouverneur et lieutenant-général pour le Roi en ses provinces de Bourgogne et Bresse, duc de Guise, baron de Rumigny, prince d'Arches et Charleville, comte de Clermont. »[2]

Il existe, au Musée Condé et ailleurs, une pièce de huit pages in-fol. imprimée sur vélin, de l'imprimerie de Cl. Simon, imprimeur de LL. AA. SS. Messeigneurs le prince de Condé et le Duc de Bourbon, rue des Mathurins, 1778. » Le titre porte : « Foi et hommage faite en la Chambre des Comptes de Paris, par le sieur Dardet de Minerais au nom et comme fondé de procuration de S. A. S. Monseigneur le Prince de Condé, des Terres et Seigneuries que Sadite Altesse Sérénissime possède en la Mouvance du Roi dans le Ressort de ladite Chambre des Comptes. Le 26 mars 1776. »[3]

Ce document énumère toutes les terres pour lesquelles le prince de Condé rend les foi et hommage. On peut relever le passage suivant : « 9° Du Duché-Pairie de Guise et dépendances, consistant dans le Comté de Ribemont, la Baronnie de Rumigny, les châtellenies d'Hirson, de Watefal, d'Any, les seigneuries d'Aubenton et Martigny, situées dans le ressort du Bailliage de Vermandois, mouvant et relevant de nous, à cause de notre Couronne; .....comme lui ayant été substituées par le testament de Louis Henry, Duc de Bourbon, Prince de Condé, son Père, en date du vingt-six Janvier mil sept cent quarante..... ».

1. Musée Condé, D, n° 190.
2. Musée Condé, D. 105.
3. L'enregistrement à la Chambre des Comptes est du 4 mai 1776. Les foi et hommage sont dus à cause de l'avènement du roi Louis XVI.

Ce fut le dernier devoir féodal rendu au roi de France pour raison du duché de Guise avant la Révolution ; et l'acte de 1776 est le dernier document historique qui se rapporte au modeste travail que nous avons voulu consacrer aux seigneurs du Nouvion.

PARIS
Imprimerie Edmond DUBOIS & Cie
25, Rue des Grands-Augustins

www.ingramcontent.com/pod-product-compliance
Ingram Content Group UK Ltd.
Pitfield, Milton Keynes, MK11 3LW, UK
UKHW021201220726
13924UKWH00003B/1248